クレーマーと闘う

過熱する異常クレーム
課題となるグレーゾーン対応
いま求められる組織力とは

藤木 健 著

「これを越えたら“お客様”ではなくなる」というボーダーラインがある。そこまでは、オペレータに精一杯の努力をしてもらうが、ラインを越えた相手に対峙し続けると彼女／彼らは心に深い傷を負う。それは、絶対に避けるべきだ。だから、私たちマネジメントは、お客様がクレーマーへのラインを越えた瞬間から、オペレータを守ることが義務となる

リックテレコム

はじめに

「お前じゃ話にならん、上司を出せ！」――忘れられないお客様からの怒鳴り声。私がコールセンターに勤務し始めた頃、二次対応を初めて上司にお願いしたときに、お客様に言われた言葉だ。怒気を含んだ、それでいて喉にひっかかるような大きな声。20年以上経ったいまでも、聞こえてきそうなほど鮮明に覚えている。

当時はまだまだ駆け出しで、クレームは迅速に処理するものと思い込み、中途半端に聞いて、すぐに解決策を提示し、こじれさせていた。クレームと聞くと、心臓がギュっと縮んだのを覚えている。また怒鳴られるんじゃないかなぁ、嫌だなぁと委縮していたものだ。

しかし、何度もクレームの対応をしていると、自然とそのポイントがみえてくる。いまではクレームと聞いても、しっかり話を聞き、対応できる心の余裕も出てきた。継続は力なりとはよく言ったものだ。クレームこそ最大の顧客の声であり、真摯にきちんと対応をすれば、お客様にファンになってもらうための最大の機会であると思えるようにまでなった。

その一方で、ここ10～20年くらいでクレームの様子が激変している。理不尽な過剰・過大要求や不当要求を、威圧的・高圧的な態度で突き付け、呑ませようとする、そんなクレームが増えているのだ。真摯に対応をしたところで到底解決できるものではなく、現場の担当者は疲弊している。「クレームを押し付けられ、苦に自殺！」「周囲の無理解が担当者を追い込む」という事件にまで発展することもある。

このような報道を見ると、「日本、大丈夫か？」と思う。その背景には、職場の人間関係など様々な理由があるが、異常なほど過剰な要求をするクレーマーにさらされていることが挙げられる。さらに、周囲の無理解から、孤軍奮闘に追いやられ、自殺するという最悪のケースまで出てきているのだ。真面目に働き、お客様のために仕事を通じて貢献しようとしている人たちが、心無いクレームに心を折られ、命まで取られている。もう一度言う、「日本、大丈夫か？」と。

もう、クレームは現場の担当者に任せきりでは、収まらない時代なのだ。手に取る武器が「謝罪する」だけでは、担当者の心は折られてしまう。あの手この手で迫ってくるクレームには、組織が基準を作り、担当者がとるべき行動を決めておかなければならない。「丁寧に、しかしきっぱりとお断りする」「弁護士相談をにおわせる」などの方針を決め、具体的な権限という武器を持たなければ、対応することができないのだ。

これからのクレーム対応は、個人戦ではなく組織戦だ。権限委譲やチームでの情報共有をしていくことで、多種多様のクレームに勝利してほしい。クレームの種類によって、勝利の形は様々だ。

「真摯な対応に感謝してもらう」
「妥協はあったが、納得してもらう」
「平行線でお断りをする」
「できないと拒絶する」

本書には、私自身がコールセンター業界で多くのクレーム対応を行い、オペレータに指導してきた経験と、構築してきたクレーム対応のノウハウを詰め込んだ。クレームの種類別に、個人・チーム・組織レベルでの対応の考え方、個人のスキルアップ方法、企業ルールの決め方など、できる限り盛り込んだ。

本書の内容を実践することで、日々クレームに追われる皆さんの気分を少しでも楽にできたらなと願い、筆を執った次第である。

はじめに　3

序章
過熱する異常クレーム……13
増加を助長させる社会変化　14
穏便に済ませる姿勢がクレーマーを育てた　17
クレームがハード化する3つの業態　18

第一章
クレーム発生のメカニズムとその種類……21
クレームとは？　22
クレーム発生のメカニズム　24

モノ言わぬ不満顧客——サイレントクレーマー 26
現場で解決できる通常クレーム 28
もはやクレームではない、悪意のクレーム 29
増えている異常クレーム 29
問題となるグレーゾーンクレーム 30

第二章 こじらせない通常クレーム対応

第二章 こじらせない通常クレーム対応 35
クレーム対応の基本姿勢 36
こじれる理由は組織ルールの不備と応対スキル 38
こじれる瞬間 42
通常クレーム対応の基本手順 48

第三章
組織で作る クレーム対応の仕組み 57
クレームが発生しやすい組織体質 58
ルール不在の組織は多い 60
基本方針と行動指針を決め、現場での情報共有をする 63
組織として対応するために 70
重要なのは従業員全員の連携強化 72

第四章
対応スキルをどう上げるか 75
印象を操作する 76
クレーム対応基本手順、それぞれのポイント 79
クレーム対応の基本は情報収集 92
怒りの原因を探る質問力 93

第五章
過熱する異常クレームへの対応 97
異常クレームが増加している 98
異常クレームから人材を守る視点が必要 100
異常クレーム、そのタイプは2種類 101
異常クレームは平行線で終わる 105
自己執着型異常クレーマーへの対応方法 106
脳内妄想型異常クレーマーへの対応方法 107

第六章
悪意クレームに対応する 111
悪意クレームとは 112
悪意クレームを見極める4つのポイント 114
関係法令を知っておく 116

第七章
対応の難しいグレーゾーン……125
犯罪意識のない悪意のクレーム　126
グレーゾーンクレーマーを育てた社会的風潮　130
「お客様は神様です」がはびこった訳　132
グレーゾーンクレームは他クレームの要素を併せ持つ　133

第八章
異常・悪意・グレーと闘う……139
異常・悪意・グレーゾーンクレームの判断基準　142
異常・悪意・グレーゾーンへの対応　145
組織での仕組みづくり　147
ケース別クレーム対応方法　148
実際にあった事例にみるクレーム対応　155

クレームは組織力で対応する　160
【付録】クレーマーを判断するチェックリスト　10の要求内容と21の要求態度　162

最終章
クレーム対応は人を成長させる……165

真摯な態度がお客様の心を動かす　166
異常クレーム対応から、人生の姿勢を学ぶ　169
いま、まさに組織力が問われる時代に　172

APPENDIX
心を病む前に……175

おわりに　182

序章

過熱する異常クレーム

増加を助長させる社会変化

全国の消費生活センターに寄せられた相談件数は、2004年度をピークに減少傾向にあった。しかし、2013年度を境に再び増加に転じている。ちなみに、2013年度に寄せられた相談件数は86万1000件で、2014年度には94万5000件まで増えている。ある企業の担当者に聞くと、20年前の10倍までクレームが増えたという。

一体、クレームが増加する原因とは何なのだろうか。そこには近年急激に普及してきた、3つのサービスが起因していると考えられる。

・携帯電話
・インターネット
・24時間営業の店舗

携帯電話は、便利な道具だ。いつでもどこでも電話がつながるし、かけられる。しかし、この利便性がクレームを増長させる。

例えば、バスに乗っているときのクレームを思い浮かべてみよう。バスの運転手の運転が荒く、急発進急停車を繰り返す。それは、立っているお年寄りには辛い運転だ。20年前、携帯電話を持っていなかったときだったらどうだろう。バス会社の名前を憶えてから、バス停でバスを降りる。その後、目的地まで移動し、用事があるなら用事を済ませたうえで、やっとこさタウンページを取り出して、バス会社の電話番号を調べて……と。クレーム電話をかけるまでにかなりのステップが必要だった。そのうちに怒りの炎は鎮火し、「まぁ、いいか。様子を見よう」となる。

しかし、携帯電話を持っていたらどうだろう。バス会社の名前を憶えて、もしくは掲示してあるポスターの大代表電話番号を携帯に記憶をさせて、バス停で降りた瞬間にボタンをポチッと押す。

「おい、いまの運転手の運転はなんだ！」

と怒りMAXの状態でかかってくることになる。埋もれていたクレームが埋もれなくなった原因が、携帯電話の普及にあるといえるだろう。

インターネットの普及も同様だ。様々な情報へのアクセスが容易になった。電子メールは受付時間などを考えず、いつでもクレームを送りつけることができる。また、動画共有サイトやブログは、一個人が発信する情報を広く多くの消費者へ伝えることになる。

いままでは、クレームの内容は企業と個人の二者間に閉じられていた。それが他の消費者にまで、クレームの詳細が伝わることになり、埋もれていたクレームが明るみに出ることになる。

一方、24時間営業についてはその利便性がクレームの増加に繋がっている。夜にお腹が減ったが、冷蔵庫には飲み物だけで、お腹を満たすものはない。ひと昔前なら、外に営業しているお店はなく、諦めて朝を迎えるまで眠るのではないだろうか。しかし、いまではちょっと歩けば24時間営業のコンビニエンスストアがある。「暖かいおでんと、ついでにビールも買っておこう」というように、諦めたり、我慢したりする必要がなくなった。次々と便利なモノやサービスが増えていくと、自分の生活に合ったモノを選ぼうとする。つまりは、個々人の価値観が多様化し、企業への要求が細分化してきたのだ。それにより、クレームの要因も増加する。

それら要因をクレーム増加のメカニズムとして考えると、

①情報・商品・サービスの氾濫→②価値観の多様化→③我慢しない（できない）風潮→④組織への要求の変化、ということになる。加えて、不祥事などによる組織倫理も問われるようになってきた。結果的に、クレームは今後ますます多様化し、増えていくことになる。

クレームを減らすためにはひと昔前の状態に戻す、すなわち不便だった時代に逆戻りできればよいのだが、それは不可能だ。クレームを減らすというのは、もはや現実的ではない。言い換えると「クレームは起こる」という前提のもとで、対応を決めていかなければならないわけだ。多種にわたるクレームを現場の担当者に任せきりにするのではなく、企業が組織としてどう対応すればよいのかを、あらかじめ決めておくことが重要なのだ。

穏便に済ませる姿勢がクレーマーを育てた

その半面、クレーム増加は企業がクレーマーを育てたという背景もある。「消費者センターに言うぞ！」「ブログで公開してやるからな」と、解決策に納得せず感情的になったお客様が、ときに強硬なことを言うことがあるだろう（もちろん、そんな状態にならないように対応するのが望ましいのだが）。そんなとき、大事になっては困ると、お客様の主張を通し、追加サービスをしたり、金品で済ませてしまう企業が少なからずある。もちろん、その時点でお客様の主張を通すことになるので、解決に時間はかからない。引き続きお客様と交渉する時間を考えれば、コスト的にも安上がりで済むだろう。また、波風を立てたくないという日本人に特有の意識も働き、「出るところに出るぞ！」と凄まれると、過剰な要求でも呑んでしまうという担当者は少なくない。

大事にせず穏便に済ませる、誰しもクレーム対応を長引かせたくないということだ。しかし、この通常の対応以上にお客様に便宜を図る、悪く言うと安易なクレーム対応をしてしまうと、お客様が味をしめるという結果になる。ごね得を学習してしまう。かくして、通常の対応では満足せず、粘って自分に有利な条件を引き出そうとするアマチュア・クレーマーが誕生することになる。このような背景も、クレームがハードになっていく要因だといえる。

クレームがハード化する3つの業態

また、クレームがハードになりやすい業態がある。

①高額商品
②健康にかかわる商品
③他に選択肢がないもの

この特徴があてはまる業種・業態では、クレームがハードになりやすい。

高額商品は、不動産や住宅設備、車などが挙げられる。逆に100円ショップの商品が壊れたからといって、ハードなクレームになることはほとんどない。大体は交換か、それが面倒くさいので、新しいものを買い直すかで済ます。金額が上がるにつれて、ハードなクレームになる可能性は高くなる。失う損失が大きくなるにつれて、取り戻したいという感情が大きく働くからである。

健康にかかわる商品は、例えば食品会社やコンタクトレンズ、製薬業界といったところだ。乳製品を食べたことによる食中毒や、服薬による副作用などである。不具合が起こることによって、自身の健康が害されることによるハードクレームだ。健康が元に戻るか、相応の補償がなければ解決することは難しい。

他に選択肢のないものは、公共交通機関や役所などが挙げられる。一般的な商品やサービスなら、別のお店に行くなり、最悪買わない、使わないという選択肢もある。しかし、公共交通機関や役所などは、別の選択肢が選び難い。別の選択肢を選んだ場合、引っ越しをしなければならない訳だが、気軽に引っ越しなどができるわけもなく、多少のことなら我慢しようとするが、我慢が沸点に達すると、ハードなクレームとして爆発することになる。

通常であれば、クレームは企業側の落ち度やミスを、正常な状態に復旧させれば解決である。しかし、いままでみてきたような背景から、それだけでは飽き足らず、「不快な思いを受けたことに対する慰謝料をよこせ」「解決に費やした時間を賠償しろ」「企業の責任はどうなっているんだ、釈明会見を開きなさい」など、過剰な要求をしてくるハードクレームが近年増えてきている。

本書では、過剰な要求をしてくるハードなクレームを、「異常クレーム」と位置づけ、通常のクレームとの違いや、その対処法を伝えていきたいと思う。それには、現場の担当者のスキルのみならず、組織力をもって企業を守るという観点が、これからの時代には不可欠になってくる。理不尽な要求に負けない、異常クレームに強い組織が増えてほしいと願い、本章へと進んでいく。

第一章

クレーム発生のメカニズムとその種類

クレームとは？

クレームを論ずるときに、しばしば「苦情」とどう違うのか、ということが議論になる。元々claimとは英語であり、「正当で当然の権利として要求する、損害賠償、支払い要求など」という意味である。本来的には、苦情には「Complain（コンプレイン）」という英語が該当する。由来の言葉通りで考えると、常用で使われている「クレーム」の意味とは少し違和感がある。そもそも「claim」を訳すときに、該当する適切な日本語が存在しなかったことが、混乱の原因であったという説が有力だ。違和感の正体は、和製英語としての「クレーム」が、だんだんと拡大解釈されて、苦情や文句、不平、愚痴、いちゃもんというものまで含んでいるからだと考えられる。

つまり、一言で「クレーム」といっても、正当な要求なのか、苦情から発展する過剰な要求なのか、言いがかりなのか、その意味するところは多岐にわたるということだ。ここで、本来の意味であればと、語ったところであまり意味がない。重要なのは、広く「クレーム」とした場合に、その種別を判断し、個別に柔軟にどう対応していくかを決めていくことだ。

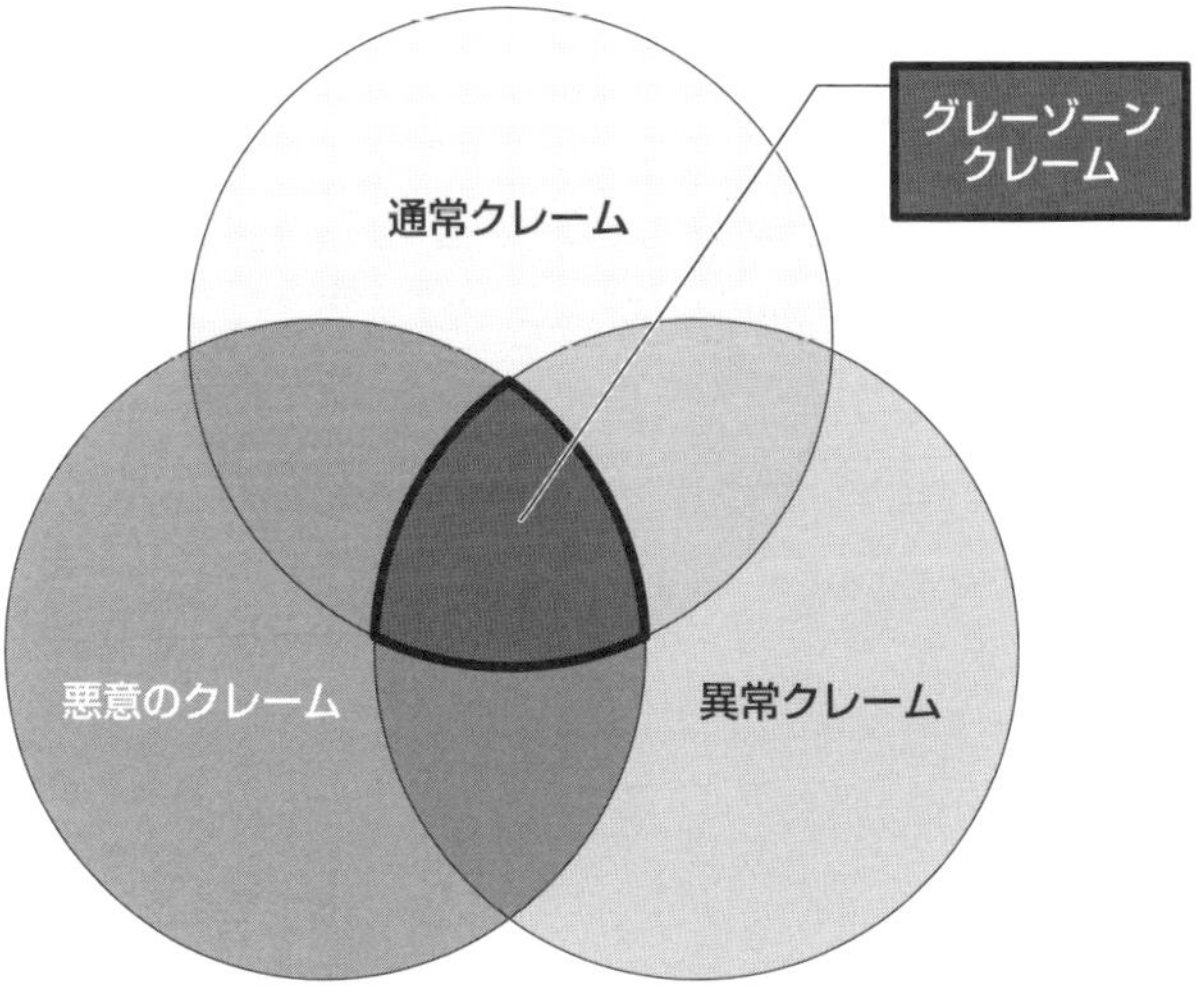

図1　クレームの種類

そのためには、まず元々の「claim」が意味する、当然の権利要求である通常クレームと、不平・苦情・文句・いちゃもん・過大要求・不当要求といった異常クレームに大きく分けることが必要だ。そのうえで、様々な要素を含む異常クレームを分類し、対処を考えていきたい。

そこには、もう一つ問題がある。それは、通常クレームなのか異常クレームなのかを、即座に判断することが難しいという点だ。例えば、発端は企業側のサービスに対する落ち度だったが、その落ち度に対してのお客様の要求が過剰になっている場合がある。このように通常か、異常なのかの境にある状況をグレーゾーンと呼び、分類する。まとめると、**図1**のようになる。

これらを一言で「クレーム」と表現し、それぞれの特徴を知らずに対応するのは非常に危険だ。

クレーム発生のメカニズム

では、どのようにしてクレームは発生するのか。

簡単に言うと、提供した商品やサービスがお客様の期待値に達していなかったから起こる。もちろん、公的機関、民間企業、業種・業態を問わず、その期待値はお客様によって異なるし、レベル感も違う。許容できる範囲も異なってくる。ポイントになるのは次の4つ。

①商品力
②価格力
③ブランド力
④サービス力

商品力は、商品そのものの機能や性能などを指す。例えば携帯電話で考えると、気に入ったデザインか、手に持ちやすい大きさか、Ｗｉ－Ｆｉはつながるか、記憶容量はどれくらいか、といったポイントだ。

価格力は、商品やサービスへ支払う対価のこと。同等の商品と比べて適正な価格かどうか、お得感があるかどうかということ。携帯電話でいえば、端末の値段は適正な価格かどうか、通話料は他社と比べて安いかどうか、といったことがポイントだ。

ブランド力は、心を惹きつけ購買に至らせる、企業や組織のイメージのこと。スマートフォンならA社が一番とか、キャリアはD社を一番信頼しているといったポイント。

最後のサービス力は、いきつくところ、提供している企業の対応者の豊富な知識、気配り、感じの良さがモノをいう。携帯電話ショップでの迅速な対応や、分かりやすい説明、おもてなしの応対などがポイントになる。

お客様は、この4つのポイントで、商品を選んでいる。携帯電話であれば、最高のスペックを求めるお客様もいれば、そもそも通話ができれば十分というお客様もいる。意外と意識されていないが、市役所・区役所なら、商品力は行政サービスや公共施設の有無になるだろうし、価格力は支払っている税金の金額になるだろう。ブランド力とは、すなわち、その土地で住み続けたいと思うイメージのことだろうし、サービス力は職員の迅速・丁寧な説明や笑顔でのおもてなしとなるだろう。

そして、それぞれ個別の期待値を下回ってしまうと、不満足という状態に陥ることになる。

モノ言わぬ不満顧客——サイレントクレーマー

不満足を感じたからといって、すべてがクレームとして寄せられるわけではない。多くは二度と利用しない、諦めるといった反応に出ることが多い。そして、これが負のクチコミとなって現れる。これがいわゆるサイレントクレーマーだ。

少し考えてみよう。例えば、近くに新しくレストランができた。開店サービスで長蛇の列である。行ってみたいなと思いつつ、開店直後はバタバタしているだろうから、少し落ち着いてから行こうと、一カ月後に期待ワクワクで行ってみた。

ところが、何らかの不満が発生したと考えてみよう。例えば、水の置き方が乱暴だった、ニコリともしない笑顔のまったくない店員だった、出てきた料理がぬるかったなど、何でも構わない。その不満を、帰り際に「おい、店長いるか？」と店長にクレームをつけるという人はどれだけいるだろうか。

私が実施する研修で例えば40人の受講生に聞いてみると、大体1〜2人だ。20人に1人くらいの割合だろうか。一方、店舗では言わないが、自宅に帰って、家族、友人、会社の同僚に「あそこのレストランでこんなことがあって、気分悪かった」と何らかの不満を話すという人はどれくらいいるだろうか。答えは、ほぼ全員が何らかの話をするという結果だった。つまり、不満足を親しい間柄の人に話をするということだ。

最後に、その不満足の話を聞いたとき、そのレストランに行ってみたいと思うかどうかと聞いてみる。すると、ほとんどの人が行かないと判断する（中には、どれだけ不愉快になるか試してみるという、変り者もいるが……）。

この例でも分かるように、クレームとして事業者側に発露されるのは、ほんの一部であり、その他は「クレームを言うのが面倒くさい」「波風立てずに」という判断をして、不満を抱え込み、二度と利用をしないという判断をする。そして、周囲の人間に不満を言いふらすことで、見込み顧客を減少させる結果を招く。

これを、物言わぬクレーム客、サイレントクレーマーという。見方を変えると、クレームを言ってくれるお客様は、お店や企業の至らない点を改善する気づきを与えてくれる人であり、有り難いお客様なのである。

しかし、それであれば、クレームはすべて「話せばわかる」ものであり、現場で疲弊する担当者が増えることはないだろう。そこに、今日のクレーム対応の難しさがある。

現場で解決できる通常クレーム

まず、現場で、担当者レベルで解決できるクレームを考えてみよう。

これは、お客様の期待値を下回っていることや、何らかの不利益を被っているために発生するクレームだ。

使い勝手の良い商品だと思っていた、便利なサービスだと思っていた。ところが、いざ使ってみると、案外使い勝手が悪い商品だったり、制約が多くて不便なサービスだった、という不満からクレームになるケースだ。普通に使用していて、壊れてしまったという場合もクレームになるだろう。

この場合は「何が不満だったのか」を聞き出し、誠意をもって対応・対処すれば収まることが多い。実際に寄せられる大半のクレームがこの通常クレームだ。このクレームの解決手順とそのポイントは、後章で詳しく解説する。

もはやクレームではない、悪意のクレーム

次に分かりやすいのが、商品やサービスへの不満ではなく、別の意図があるクレーム。すなわち、業務妨害目的であったり、金銭要求目的といった、何らかの利益をせしめようとするクレームだ。

20年ほど前は、いわゆるプロがこのようなクレームをつけていた。しかし、近年では減少してきている。暴力団対策法などの法律が整備され、脅迫や脅しといった行為が、即犯罪になるからだ。しかも最近では、ＩＣレコーダーや通話録音装置などが手に入りやすく、記録することが容易になったおかげもあり、リスクを伴う悪意のクレームは減少傾向にある。

増えている異常クレーム

さて、ここで問題にしたいのが、近年増加している異常クレームだ。

商品やサービスを提供している企業とまったく関係のないことにクレームをつけて、担当

者を困らせる。延々と説教をしたり、ときにはストーカー行為に及んだりする。心に問題を抱えている人が起こす場合も多く、通常のクレーム対応では解決しない。何故なら、このクレームはまともな論理が通用しないことがほとんどだからである。

しかし、実際には一次対応で延々と対応している場合も多く、解決に向かわないために、担当者の精神的ダメージが大きい。これも異常クレームの特徴だ。対処法などは後章で解説する。

問題となるグレーゾーンクレーム

最後に、一番取り上げていきたいと思うのが、グレーゾーンクレームだ。

クレームが発生した当初は、企業側の瑕疵(かし)や不手際が原因だった。通常のクレームと発生源は同じである。本来であれば、現状回復や謝罪で収まるべきところが収まらず、いわゆる重箱の隅をつつくような細かな指摘を延々と続け、過剰要求・過大要求を呑ませようとする。要求はときに法律を逸脱することもある。

例えば、コンビニエンスストアでの土下座強要などがそれだ。悪意のクレームと根本的に

クレームの種類	特徴	対応範囲
通常クレーム	顧客の事前期待を下回ったことに起因する。クレームのなかで最も件数が多い	オペレータ
こじれクレーム	①通常クレームから派生する。オペレータの対応が悪く不適切なことに対し、顧客の怒りの矛先が向いている。二次クレームともいう	SV・リーダー
	②二次対応、三次対応者の対応も悪く不適切だったため、さらにこじれたケース。過大要求や過剰要求に発展する	
悪意のクレーム	金銭要求、付加サービス要求、業務妨害目的など、明らかに他の意図がある	
異常クレーム	①自己執着型クレーマー／担当者が言われてもどうしようもないことを、執拗に申し立てる。説教型 ②脳内妄想型クレーマー／些細なことをきっかけとして、業務に無関係な内容を延々と話し続ける。切り上げようとすると激高する。加害行動に発展する危険性がある	法的措置 警察相談 等 組織（複数人での対応）
グレーゾーンクレーム	上記３つの要素が絡み合っていて、判断が難しい。最初は通常クレームの形態をとっているため、オペレータの判断が遅くなる傾向があり、その判断の遅れが、過剰・過大要求に発展する	

図2　クレームの種類とその対応範囲

違うのは、犯罪意識の有無であろう。

　悪意のクレームは、やってはいけない行為であることを自覚したうえで、決定的な言葉を言わない。つまり犯罪のプロが行うものである。しかし、このグレーゾーンクレームは、一般人が行っているものであり、その言葉に犯罪意識はなく、「正当な要求をしている」と勘違いをしているケースが多い。そのため、商品やサービスのこと以外に、応対者の言葉尻や説明の分かり難さなどに難癖をつけて、自分に都合の良い条件を引き出そうとする。

一番妥協してはいけないクレームだ。要求を受け入れてしまうと、「クレーマーを育てる」という結果になってしまい、別の企業で同じようなクレームをつけることになる。

クレームといっても、様々なクレームがあることがご理解頂けただろうか。どの種類のクレームが多いかは、業界や業種にもよる。いや、企業ごとに違うといってもよいだろう。それぞれのクレームは種類によって対処の方法が異なってくる。

図2は対応範囲のイメージだ。誰が担当すればよいかを示している。通常クレームは、現場のオペレータが対応する。しかし、オペレータの対応が悪く、最初のクレームの原因から、別の理由に発展してしまう場合がある。これが「こじれクレーム」だ。その場合、オペレータではもはや対応不可能。現場の上司が対応を代わる必要がある。コールセンターではリーダーやSV(スーパーバイザー)が担当することになる。通常クレームの原因とは別に、先のオペレータのどんな対応が逆鱗に触れたのか、その原因を探ることになる。

こじれクレームには段階がある。代わったリーダー・SVの対応も芳しくなく、ひどくこじらせてしまう場合がある。こじれまくりクレームだ。ここからは、現場の人間では対応が難しくなる。過大・過剰要求に発展していくので、専任担当者など組織対応が必要になる。異常クレーム、悪意のクレーム、グレーゾーンクレームも現場対応は難しく、組織で対応しなければならない。法的措置や警察への相談なども視野に含める必要がある。それぞれのクレームの対応方法は、後の章で解説していく。

この未曽有のクレーム時代は、もはや現場の担当者に「なんとか穏便に済ませろ!」だけでは解決しない。そして、解決が長引くと担当者の心が折れる。ポキッと……。これからの時代のクレームは組織で対応の方針を決めるべきなのだ。誠意ある対応をするクレーム、丁重にお断りをするクレーム、関係各所と連携しながら徹底抗戦するクレーム、それらの分類をしながら、対応した結果をノウハウとして蓄積し、クレームに強い組織を作り上げる必要がある。

クレームに強い組織、それは悪意のお客様と決別し、善意のお客様をファンにし、現場の人が活き活きと働ける組織だ。次章より、それぞれのクレームについての対応方法をみていく。

第二章

こじらせない
通常クレーム対応

クレーム対応の基本姿勢

クレーム対応を考える際、まず基本姿勢を把握しておきたい。何をどこまで対応するのか。これは、会社によって詳細は異なってくるので、基本概念だけをここで押さえておく。

まず、クレーム対応の基本は「お客様が被った不都合や損害を回復すること」にある。応対の不手際で、お客様が不愉快になったのであれば、「謝罪」がクレーム対応になるだろう。買った商品が故障したら、「修理」もしくは「新品交換」が対応になる。だが、これで済まずに、さらに要求がエスカレートした場合、本当に対応する必要があるのかどうかを考えてみてほしい。

例えば、ある喫茶店でアルバイト店員がジュースをお客様の服にこぼしてしまった。アルバイト店員は「申し訳ございません」とすぐに服を拭いたうえで、「クリーニング代をお渡ししますので、お近くのお店でクリーニングをして頂けますか」と対応をした。

本来、この時点で損害に対しての回復については対応を完了している。この後、例えばシミになって取れなくなったとなった場合は、服の弁償費用へと話は移っていくだろう。しかし、こう言われたらどうだろう。

「この服は、大切なものです。もう二度と手に入らないものです。もともとの服代10万円。加えて慰謝料として10万円を払ってほしい」と。

あくまでもお客様側の損害は、服にジュースをこぼされて汚れてしまったことであり、それ以上の補填をする必要はない。「大切にしていた思い出の服を汚されて、この気持ちをどうしてくれるんだ！」と言われたとしても、心情を理解する必要はあっても、クリーニング代や弁償費用代以上のお金を支払う必要はない、いや、支払ってはいけないのだ。にもかかわらず、「誠意を見せろ」とか「今すぐ答えを出せ！」と言ってくるようなことがあれば、グレーゾーンクレームか、悪意のクレームの可能性がある。

通常クレームの対応では、対応がしきれず、押し負けて、慰謝料として数万円を包んだりするケースもあったりする。誠意とは非を詫びて、改善努力をすることであり、金銭で解決することではない。ここに、クレーム対応の誤解が潜んでいる。

「お客様の要望に応え、納得・満足してもらうこと」をゴールとしてしまうと、お客様の要求はエスカレートするばかりだ。被った精神的苦痛という名のちょっと不愉快な気分に、どれだけ補償をすればよいのだろうか。そう、クレームの基本姿勢は「お客様の被った損害を、常識的法律の範囲で回復すること」。これを徹底してほしい。

こじれる理由は組織ルールの不備と応対スキル

通常クレームとは、商品、サービスなどがお客様の期待値を下回ったことから発生する不満の声だ。普通の運営をしていれば、このクレームが一番多いはずだ。この段階でしっかりと対応し、クレームを収めることができれば、お客様をファン化することができる。だが、ここで対応をしくじってしまうと、こじれてしまう。

最初は商品やサービスに対してのクレームだったが、途中から別の論点に替わってしまう。すなわち、「お前のその話し方が気に入らない」「その口の利き方はなんだ!」といったように、対応している担当者の態度が悪いという論点になってしまう。こじれると厄介だ。論点が2つになり、解決までにかかる時間が倍以上になるケースも珍しくない。

もちろん、誰も好き好んでこじらせたくない。こじらせないためにも、こじれる原因となるような対応を避ける必要がある。では、こじれる原因とはいったい何なのか。とりあえず列挙してみると、

①お詫びの言葉が一言もなかった
②詫びていても、言葉だけで態度が謝っていない
③笑顔や半笑いの顔・声での対応
④事務的な受け答え
⑤仏頂面
⑥マニュアル通りの対応で、人間味が感じられない
⑦気持ちを逆なでするような言葉を使われた
⑧話をすべて聞き終わらないうちに、急いで対処法を説明する
⑨折り返しなどの約束を守らない
⑩窓口のたらいまわし
⑪Aさん、Bさんで説明していることが違う
⑫断りのときに理由を説明できない
⑬なかなか上司に代わってくれない

という原因があるだろう。

確かに、お客様の立場で考えてみると、こちらの話を聞いてもらっている、対応してもらっ

ているという実感がなければ、だんだん感情的になってしまっても当然だろう。①に関してはこじれる原因の最も多い理由の一つだ。また、②～⑦については、当人のプレゼンスの問題で、人からどう見られているのか、感じられているのかを考えていないと思われる。クレーム対応以外の通常の業務でも、クレームにつながるような言動があるかもしれない。⑧に関しては、クレーム対応を早くしようとするがあまりの勇み足なのかもしれない。担当者にとっては、よくあるクレームで、対処方法も熟知しているかもしれないが、お客様は最初の一回目だ。後述するが、話を聞いてもらえていないと感じたとき、人の感情は荒れる。つまり、こじれてしまうということだ。⑨については、約束を守らなかったとしたならば、こじれるのは当然である。また、できない約束はしないほうがよい。

さて、ここから先が問題だ。原因の根本には、対応者個人では対処しようのないものがある。

「⑩たらいまわし」については、本当に対応する窓口ではないのかもしれない。しかし、窓口を分散化することで、何度も同じ説明をお願いする負担をお客様にかけてしまっている。「⑪説明していることが違う」についても、情報共有の徹底が行われていないことが要因だ。「⑫断りの理由を説明できない」は⑪と関連しているかもしれない。結局、はっきりとした理由が説明できないことが、曖昧な表現になってしまい、お客様の感情を害してしまう。

「⑬上司に代わってくれない」は、見切りの問題だ。すべてに対して上司を出す必要はないが、対応する権限がないところで、謝罪だけを繰り返してもクレームは解決しない。上司を出せと言われて、その代わらない理由を説明できなければ、争点がそこになってしまい、最初のクレームの原因から別のことに移り変わって、こじれてしまうのだ。

ここでまとめてみると、①〜⑨までは担当者の対応スキルの問題。⑩〜⑬は組織のルールや決めごとの問題ということだ。

担当者のスキルに関しては、トレーニングをしてスキル向上を目指す必要があるし、その教育体制をどうしているかということがある。スキルに関しては第四章で詳述する。組織の問題に対しては、ルールが決まっているかということであり、決まっていなければ、担当者間で認識が違ってくるのは当然であるし、理由の説明も曖昧になってしまう。組織のルールとして、どのように対応するかを決めることは重要だ。これを決めていなければ、余計な突っ込みどころを作ってしまい、こじれる理由を与えてしまう。こじれてしまえば、お客様に有利な条件を提示しなければならなくなり、結果クレーマーを育ててしまう。組織のルールについては、第三章で解説する。

こうしてみると、担当者のスキル育成も含めて、クレームは現場担当者に任せきりにするのではなく、組織が経験やノウハウも含めて蓄積し、真剣に取り組むことが必要なのである。

こじれる瞬間

通常クレームがこじれるときには、こじれる瞬間が存在する。過去、コールセンターでマネージャーだったとき、オペレータの会話をモニタリングしていて「あ、ヤバい」と思うシーンが何度もあった。もちろん、決定的な一言で感情が爆発するケースもあれば、徐々に不満が蓄積して爆発するケースもある。ただ、どちらのケースもこじれる瞬間があった。

事例1：あるセルフうどん店の場合

お昼時のセルフうどん屋の事例である。カウンターでうどんを注文し、サイドメニューを自分で取り分けて、レジで会計を支払うタイプのうどん屋でのこと。ウォーターサーバーが置いてある台の下扉が開いていて、お客様がつまづいて転んでしまったのだ。手にトレイを持っていたので、死角になって扉が開いていることが見えなかったのだろう。忙しかったの

か、店員がちらりとそちらを見た素振りはあったものの、接客を続けている様子に腹を立てたお客様が、
客「なんで、こんなところの扉が開いたままなんだよ」と大声を出した。
店員「申し訳ございません。こちらは拭きますので、大丈夫です」
客「床の心配じゃなくて、まずは、お怪我はありませんかじゃないの?」
店員「あ、そうですね。大丈夫ですか?」
客「大丈夫じゃないよ、しこたま膝を打って、痛いよ」
店員「申し訳ございません、足元が滑りやすくなっておりますので、お気をつけて歩いて頂けるように、案内は申し上げていたのですが……」
客「滑らせたんじゃなくて、開いてた扉につまづいたんだよ! なんだその言い方は! つまづいた俺が悪いとでもいうのか!!」
店員「いえ、そういうわけでは……」
その後、このお客様とは揉めに揉めて、弁護士を入れた訴訟にまで発展したらしい。
これは、店員の対応スキルが不足していたケースである。すぐにお客様に声をかけていれば違っただろうし、気遣いのある言葉をかけられなかったのは語彙(ごい)と経験が不足して

いたのかもしれない。また、忙しい時間帯で、他に気を取られていた可能性もある。しかし、お客様にとっては、知ったことではない。転んでしまったという店内トラブルに対して、ほったらかしにされているという状態が、まず怒りに火をつけたのだ。

こじれる最大のポイントは「案内は申し上げていたのですが……」という言い訳だ。痛いというお客様の申告に対して、言い訳のセリフを言ってしまったことで、お客様の気分を著しく害してしまっている。このような事態を避けるためには、クレームの対応方法を含めてトラブルのときにどうするのか、トレーニングをしておく必要がある。最低でも、責任者がクレーム対応のスキルを身につけておくことは必要だ。部下がこじらせてしまったとしても、その原因を聞き出し、収められるような対応スキルを身につけておきたい。

事例2：某携帯電話ショップ

ある通信キャリア系の携帯電話ショップでの事例である。子どもの電話の調子が悪い、充電器で充電ができなくなってしまったようだ。休日の午後、状況をみてもらおうと近所の携帯電話ショップへ行くと、30分待ちの表示が。日曜だしまだましな方かなと思いながら、受付票を取ると、最近では一次受付のような方が声をかけてくれるようで、この日もそうだった。

店員「いかがなさいましたか？」
客「いや、ちょっと携帯の調子が悪くて、充電器に挿しても充電ができないんですよ」
店員「そうですか、ちょっと見せてもらえますか？」
と本体を確認しながら、お店の中にある充電器に試しに挿してみる店員。
店員「充電器台だと隙間が空いてるみたいですね。本体に直接充電コードを挿して、ダメなら、カウンターで詳しく見ますね」
結局、充電が不十分の様子だった。
店員「あー、やっぱり充電池そのものの不具合かもしれません。カウンターで詳しく見ますので、よろしいですか。あと、大変申し訳ございません、ただいま混み合っておりまして、30分程度お待ち頂きますが、よろしいですか」
客「あぁ、わかりました。休みの日だし、待つのは覚悟できたから大丈夫ですよ。数件向こうに自転車ショップがあって、息子の自転車を買い替える予定もあって、そっちに行ってますんで、順番来たら電話してもらっていい？　すぐ戻ってくるから」
店員「申し訳ございませんが、順番のご連絡はお電話では行っておりません」
客「ん？　なんで？」

店員「いえ、あの、ご連絡そのものを行っておりませんので……」

客「いや、だから、どうして連絡をしてくれないの？　だって、ここで30分、ずっと待ちぼうけをくらわされるってことですか？　その30分でできる用事があるから、済ませたいんだけどねぇ」

店員「申し訳ございません、お客様皆さまにご理解頂いております」

客「他の方がどうかは知りませんが、私は納得できないですね。どうして連絡ができないの？」

店員「規則で決まっておりまして……」

客「じゃあ、なんでそういう規則になってるの？　理由は？」

店員「いや、それは、私どもでは……」

客「それって、かけられないではなくて、かけたくないってことだよね？」

店員「いえ、決してそういうわけでは……」

客「はぁ……。あのね、そもそもあなたたちの販売している携帯電話って、何をするもの？」

店員「えっ、電話をかける道具ですか」

客「いや、そもそも、電話って、遠くの人に素早く連絡するためのものでしょう？　まさにいま、素早く連絡をしなければいけない状態じゃないの？」
店員「はい」
客「その連絡手段の商品を販売しているお店が、連絡することはできませんって、おかしくない？　もちろん、電波状況とかいろいろあるから、連絡がつかなかったとか、気づかなかったとしたら、こちらのミスなので、次の方に進んでもらっても一向にかまわないので、連絡くらいしてくださいよ」
店員「かしこまりました、今回のみでございますが、お受けいたします」

これは、まさに、お客様の疑問に、企業として答えを用意しておらず、こじれてしまって、要求を受けてしまったケースだ。ルールとして、〝待っているお客様への連絡はしない〟と決まっているのだろう。しかし、その理由が細部までに浸透しておらず、回答に窮したことで、どんどん突っ込まれてしまったケースである。さらによくあるケースでは、「同系列のB店ではやってくれたけどなぁ」と突っ込まれたときには、返す言葉がなくなってくる。こんなケースこそ、理由を説明できるように、企業側で用意をする必要がある。
「誠に申し訳ございません、お電話で連絡がつかなかった場合や、連絡を致しましても取り込み中で、すぐに戻ってこれないお客様が多くございます。そうしますと、お帰りを待つ時間が、他のお客様への待ち時間へ影響してしまいます関係上、お断りを申し上げております」などというように。

受付け後の待ち時間というのは、トラブルになりやすいケースでもある。いまは、ネット予約制度を設けたり、待ち時間の携帯メール配信で、2～3人前に連絡をする体制などを整えている窓口もある。仕組みで回避するのも、組織の力といえるだろう。なお、「この問答している間に、費やされた時間をどうしてくれる！」とか、「納得いかない、文章で回答をよこしなさい」などと言ってくる場合は、通常クレームではなく、グレーゾーンや異常クレームが疑われる。

通常クレーム対応の基本手順

まずはこの通常クレームをこじらせず、しっかりと収めて、お客様をファン化する方法を現場に浸透させよう。通常クレームには、基本となる応対手順が存在する。手順は全部で6つだ。少し順不同で考えていきたい。

一番最初に行う手順はなんだろうか。1番目は「お詫び」だ。こじれる原因①でも説明したが、企業側に責任があるかどうかにかかわらず、謝意があることは伝えなければならない。事実関係が明らかになってからでないと認めたことになる、という風潮が以前あったが、そんなことをしていると、どんどんお客様のボルテージは上がっていってしまう。まず、お詫びの言葉を伝えるのだ。ここで「詫びたということは、認めたってことだな！」と突っ込んでくる場合は、通常クレームでない可能性があるので、詫びてトラブルになるという懸念は持たなくていい。まずは、謝意を言葉で伝えよう。例えば「ご不快な思いをおかけして、申し訳ございません」というように言ってみるのだ。

さて、クレームというからには、「解決策を提示」する必要がある。解決策の提示は、6つの手順で言うと、何番目くらいにあたるだろうか。実際の研修でも、受講生に考えてもらっている。すると、4番目か5番目くらいと答える人が多い。たまに、6番目という方もいるが、最後の手順は「お詫び・お礼」だ。締めくくりに再度丁寧にお詫びをして、今後の改善への学習をしたことへのお礼を述べる。まさに、ファン化を促す手順である。

後出しになってしまったが、正解は5番目の手順だ。「そんなに後なの？」と意外に思われる方もいるかもしれないが、解決策の提示は後半のハイライトだ。

逆に、すぐに解決してあげたい、迅速に解決方法を言う必要がある、と考えている担当者ほどクレームをこじらせやすい。確かにその思いは結構だが、クレームに発展しているということは、感情を害しているということだ。提示した解決策が、お客様の求めている提示であれば、すんなりと解決するだろうが、もし、お客様が受け入れる体制（話を聞いてもらえる体制）になっていなければ、「いいから、俺の話を聞け！」となってしまう。提示した解決策とは違うものを用意する必要が出てくる場合もあり、対応に苦労することになる。

トランプの七並べでも、切り札のカードを使うのは、ゲーム後半と相場が決まっている。クレーム対応は情報戦だ。お客様の状況がはっきりしていないのに、切り札は出すべきではない。だから解決策は5番目なのだ。

では、その直前の4番目はなんだろうか。解決策を提示する前に、確認しておかなければならないこと。そう、「事実確認」だ。お客様の言っていることが本当に起こっているのかどうか、確認をする手順だ。

「AB店の店員に×××と言われた」との申告であれば、本当にAB店の店員に×××と言ったかどうかを確認する必要がある。購入した食べ物に異物が入っていたのであれば、異物ごと確認して、混入経路を調べる必要がある。

残りは2番目と3番目だが、クレームというからには、何が起こっているのか、聞き取る必要が出てくる。2番目は「傾聴」だ。お客様の話に意見をはさまず、何が起こったのかを詳細に聞き取ることが重要だ。もちろん、お客様の話を促す必要もあり、こちらから質問をするなどで誘導し、掘り下げる必要もある。

最後に残ったのが手順3番目だ。これを最後に説明するには理由がある。強烈に意識をしないと忘れてしまう手順でもあるからだ。研修で受講生に考えてもらうと、共感という答えが返ってくるときがある。似ているが、私は厳密にそうは表現していない。

通常クレームとはいえ、すべてのクレームに共感できるというものではない。すべてに共感をしてしまうと、お客様側に思考が寄ってしまい、企業が提示する解決策に納得がいかないようになってしまう。お客様の立場に立ちすぎてしまい、客観的に物事を考えられなくなってしまうのだ。そうならないためにも重要なのが、3番目の手順「心情理解」だ。お客様の心情を理解しようと努める、ということだ。もちろん理解するだけではなく、どのように理解しているのか、お客様の心情・感情を言葉に出して表現し、理解していることを伝える手順だ。そうすることによって、お客様との心理的距離感を詰め、こちらの話を聞いてもらえる状況になる。

あるカード会社で、三次対応をしていたことがある。一次対応でこじれて、二次対応者に代わってもお客様が納得せず、こじれにこじれまくって対応を任される部署だ。私が対応をしくじると、その先は消費者センターや裁判沙汰など、「出るところに出る」と言われる、そんな部署であった。

私はその部署において、1件たりとも、「出るところに出る」という状況になることなく、すべてのお客様に渋々ながらも納得してもらうことができていた。「まぁ、あなたがそこまで言うんなら本当に無理なんだよね。わかったよ」と言ってもらうことができた。そのポイントは、まさに手順3の「心情理解」を強烈に意識して実行していたからである。

「感情を言葉に表す」これは強力な武器だ。怒っている、腹立たしい、憤っている、憤慨しているなど、いろんな表現がある。お客様のいまの気持ちを言葉にしてみるのだ。「これこれ、こういった理由で怒っていらっしゃるんですね」と。すると、「そうだよ、その通りだよ」と、〝イエス〟という答えが返ってくる。やっと話の分かる奴が出てきたよと、肯定的な関係に持ち込むことができる。

人は〝イエス〟という返事をすると、気持ちが落ち着くことが心理作用としてある。そのうえで「確かに、お客様のおっしゃるような状況でありましたら、私もお客様と同じ気持ちになっていたかもしれません。ご不快な思いをおかけして、誠に申し訳ございません」と続けると、その先の話はスムーズになる。お客様にも、こちらの話を聞く余裕が生まれる。

しかし、だからといって、いきなり解決策に飛んではいけない。おっしゃっていることの事実確認をしながら、傾聴、心情理解、事実確認の手順を回し、解決策への導き方を模索するのだ。

ここで、感情を言葉に表す「怒っている」「激怒している」などの激しいフレーズを使うと、余計にお客様を怒らせてしまいませんか、という質問が出ることがある。中には、実際に「怒ってらっしゃるんですね」と使ったところ、余計に怒られたことがある、という方もいた。不思議に思い、どんな風に怒ったのですかと尋ねてみると、「そんなことを言ってるんじゃない」と怒られたらしい。

もうお分かりだろうか。お客様の感情を言葉で表現することは、傾聴の手順で、お客様の気持ちを聞いて聞いて聞きまくって、自信をもって表現する必要がある。不安に思っている方は、傾聴が徹底できていない可能性がある。中途半端な傾聴で話を進めようとすると、お客様の気持ちに向き合わずに、対応を進めることになってしまい、結局はこじれる結果となってしまう。余計にお客様を怒らせてしまいませんか？　という質問は、傾聴段階で中途半端

STEP 1	お詫びをする	クレームの正当性に関係なく、「不快な思いをさせてしまったこと」に対し、誠心誠意お詫びする
STEP 2	話を聴く（傾聴）	基本は“聴く80%、話す20%”。顧客が感情的になっている場合は“聴く90%、話す10%”で、より聴くことに集中する
STEP 3	気持ちを理解する（心情理解）	オペレータが「理由＋感情」を言語化して伝えることにより、心理的な距離を詰める。すぐに解決策を提示してはいけない
STEP 4	事実確認	① そもそものクレームの原因は何か ② 損害は発生しているのか ③ クレームの原因と損害に因果関係はあるのか
STEP 5	解決策・代替案の提示	顧客の合意を得る。ポイントは、迅速かつ具体的であること
STEP 6	お詫び、感謝の言葉	最後まで気を抜かず、できるだけ良い印象をもってもらえるように気をつける

図3　一般クレームの6つの対応手順

にしか聞けていないと暴露しているようなものである。

　まとめると、通常クレームの対応手順は以下のようになる（**図3**）。

手順①「お詫び」
手順②「傾聴」
手順③「心情理解」
手順④「事実確認」
手順⑤「解決策の提示」
手順⑥「お詫び・お礼」

　手順通りに進めなければいけないという訳ではない。お客様の心情を理解した後、再度傾聴に戻ることもある。その必要性があるならば、いくらでも行きつ戻りつしてもよい。現在、どの手順を履行しているのかを、明確に意識しながら対応して頂ければ大丈夫だ。手順それぞれの詳しいポイントについては、本書「第四章応対スキルをどうあげるか」で詳しく解説する。

第三章

組織で作るクレーム対応の仕組み

クレームが発生しやすい組織体質

ひと昔前の映画「ミンボーの女」をご存知だろうか。故伊丹十三監督の代表作の一つだ。ヤクザの脅しに屈して簡単に金を出してしまうホテルヨーロッパ。その体質から日本中のヤクザが引っ切り無しに訪れるようになっていた。この状況を打開すべく、外部から民事介入暴力(ミンボー)を専門とする弁護士に依頼し、ヤクザをきっぱりと排除するホテルに成長する物語である。クレーム対応の責任者や企業・組織の管理者は、一度ご覧頂いた方がいいかもしれない。クレームに弱い組織と強い組織の違いがよく分かるからだ。

そのストーリーから要点をまとめると、次のような変化がみてとれる。

＜弁護士依頼前＞

・クレームに対して、すぐに言い訳をする

・ロビーにはびこるヤクザが威圧的で、他のお客様が恐怖する

・対策予算ゼロで、担当者に丸投げ

・トレーニングを受けていないベルボーイや経理担当を抜擢し対応を丸投げ
・ヤクザにヤクザで対抗しようとする、コンプライアンス違反

＜弁護士依頼後＞

・ヤクザのことを知り尽くした弁護士に依頼
・対策室、対策費用の予算を取る
・ヤクザの交渉術を知ることにより、恐怖感が和らぐ
・弁護士主導のもと、大声に動じないトレーニングを開始
・ヤクザの遠回しな脅しを言い換えて、言質を取る方法を練習する
・「脅迫罪」「強要罪」「詐欺罪」など法律に抵触する行為について学習する
・警察と連携をして、違法行為について排除する
・裁判所に仮処分申し立てをして、直接交渉の制限をしてもらう

依頼後は、ホテルの支配人が号令を出し、悪意のクレームに対応するためのルールやファシリティを組織的に用意する。もちろん映画なので、内容的にはハードで理不尽なあり得な

いクレームなのだが、参考になることは多い。いわれのないクレームに対して、一歩も退かず、丁寧に事実確認を行ったうえで、丁重にお断りをする姿勢が描かれている。前章で話したように、組織がルールを決め、そのルールに従って、担当者が行動する姿が描かれている。

ルール不在の組織は多い

映画は極端だし、悪意のクレームはそんなに多くないと思われるかもしれない。しかし、有事の際には、詳細な取り決めが必要ということはわかって頂けるだろう。滅多に起こらないことでも、事前にどうするのかを対策しておくことが組織対応なのだ。当然、よくあるクレームに対しての取り決めもしておく必要があるのだが、まだまだ担当者任せにしている組織が多い。

管理者向けのクレーム対応研修で、次のような質問を受けた。

「お客様からの要求が明らかに過剰になっていたため、お断りをしたかったのですが、〝これ以上お話してもご対応は致しかねます〟と、発言してもいいものかどうか迷いました。どうしたらよかったのでしょうか」

質問をした受講生の企業では、お客様対応の基本方針を決めておらず、言うべきセリフ、言うべきとき、の判断基準がすべて現場の担当者任せになっていたのだ。判断に迷ったのであれば、一旦折り返しにして、上司に対応方針を確認するのがいいだろう。当然ながら、質問してきた受講生に責任はない。本人も日頃から悩んでいることだったのだろう。しかし、その答えを部外者である、研修講師に求めても答えることは難しい。何故なら、クレームに対する考え方は、各々の組織によって異なるし、一概に決められることではないからだ。もっと言えば、クレームへの行動指針やルールが存在しなかったことが問題といえる。

一度、ご自身の組織でクレームに対してのルールがどこまで決まっているのかを、調べてみてほしい。通常業務のマニュアルは整備されているだろうか。「以前に〇〇というクレームがあって、××という対応をした。今後も同様に対応ができるように、×××をする」と明文化してあるかどうか。詳細に決めて決め過ぎということは決してない。

企業からクレーム研修を受託する際には、必ず事前のヒアリングを行い、よくあるクレームについて書き出してもらっている。事前に実態を把握することで、クレームの傾向をつかむためだ。

レアケースはもちろんあるが、よくあるクレームはだいたいどの企業でも似通っている。

どんな組織でもクレーム集計をとれば、5～7割は同じようなクレームが集中する。

しかし、「どのように対応しているか」と質問をすると、同じ会社、同じ組織であったとしても、担当者によって回答が異なることは珍しくない。

ある担当者は平謝りの謝罪で終わらせたが、違う担当者はお詫びのギフト券を贈って怒りを鎮めるなどという差異が生まれたりする。つまり、担当者が変わると対応内容が変わってしまうということだ。目の前の解決だけを目指すのであれば、そのときのベストを選べばよいだろう。しかし、企業活動、組織活動は継続する。お客様によって対応に差が出てしまっていることが、組織統制や風評に対する悪影響として、ボディーブローのように効いてくる。

クレーム対応は、研修や教育で、スキルを身につけるだけでは機能しない。それ以前にクレームに対応する担当者のみならず、従業員全員が企業として一貫した姿勢を示すことが必要だ。誰が対応しても、同じ対応ができるようにガイドラインを作成し、教育をしていく必要がある。

基本方針と行動指針を決め、現場での情報共有をする

組織側が具体的に決めなければならないものが、顧客定義、基本方針、行動指針とそのルールだ。さらに、組織内外から対応事例を集めて、情報を共有し、学習することで、誰もが同じ回答をできるようにしたい。

①顧客定義

どのような方をお客様とするのかを決めるということだ。マーケティングでいうところの顧客定義は、潜在客・見込み客・固定客・浮遊客と分け、それぞれに対してアプローチを考えるのだが、クレーム対応で考える顧客定義は少し違う。組織と良好な関係を築けるかどうかを基軸として考えてもらいたい。

すべての方が将来お客様になる可能性がある。だが本当にそうだろうか。ある高齢者向け雑誌の定期購読のコールセンターでこんな質問を受けた。

「購入前の検討を3年も続けているお客様がいます。新しい雑誌がでると記事の内容を細かく聞いてきて、一時間以上もオペレータが拘束されます。ときには、記事をそのまま読ま

されることもあるのですが、どうしたらよいでしょうか？」

よく3年もお付き合いされましたね、とそのときは答えた。この方は、果たしてお客様なのだろうか。企業にとっての利益は一切生じていないうえに、案内をするコストだけがかかっている状況だ。もちろん、見込み顧客に対しての営業費用はある程度予算として確保する必要はあるが、購入されない方に対していつまでもお付き合いする必要があるのだろうか。すべての方がお客様と考えたい気持ちはよくわかる。しかし、このようなお客様が多く存在していた場合、企業活動に支障をきたす。そして、その支障は、普通の良いお客様が支払ってくれる利益から賄われるのだ。

ただ、それほど難しく考える必要はない。基本は、商品やサービスを利用してくれる方をお客様とし、「建設的なお話ができる方をお客様とする」としてはどうだろう。到底受け入れることのできない理不尽な要求や、無理のあるサービス品質の向上を要求をしてくる方は果たしてお客様といえるのだろうか。もはや良好な関係を築くことは困難であり、いつまでもお付き合いをすることは、企業活動の妨げにもなる。毅然とお断りすることは、優良なお客様への信頼にもつながる。是非、何をもってお客様とするのかを、真剣に考えてほしい。

②基本方針

顧客（顧客定義から外れるクレーマーも含む）からのクレームに対する「組織としての考え」を示すものだ。すべてのクレーム対応の根本となる〝不変の方針〟として明文化しよう。「悪意・異常クレーム、グレーゾーンクレームを安易に金銭で解決しない。誠意はお金ではない」「謝罪のみで解決しようとしない。必ず代案を提示する」などだ。このほか「グレーゾーン基準に当てはまり、悪意が含まれると判断した場合は法的対応に切り替える」や、「異常クレームの特性を示しているため、お断りモードにする」などの方針も必要だろう。この場合、グレーゾーン基準や異常クレーム基準を設定しておくことが肝要だ。

それぞれの基準の詳細は、各章に譲るが、こうした方針や基準を明確に示しておかないと、担当者の行動にバラつきが出てしまう。結果、クレームがあるたびに保留や折り返しにしたりして、上司に〝企業としての判断〟を求めることになる。上司によっては「担当者に丸投げ」したり、「面倒くさいから金銭で解決」したりと、ここでもバラつきが出る。こうした話もクレーム対応ではよく聞く話である。

③行動指針

基本方針を基に、担当者がどんな行動を実践すべきかを決めておくのが、行動指針だ。「スピーディーな対応（お詫び）の徹底」「客観的で確実な実態把握のために傾聴を徹底する」「クレーム対応6つの基本手順を順守する（二章54ページ参照）」など。クレームは初期対応が重要であり、スピーディーなお詫びが誠意の証となるという考え方からの行動を決めておく。また、確実な実態把握ができなければ、改善策なども提示しようがない。他には「過失責任、因果関係がはっきりしないケースでは、即答を避ける」や「個人の意見を聞かれても答えずに、組織としての判断・回答をする」などのことを決めておけば、担当者が独断で苦し紛れに回答することを避けられるだろう。

現場では、以上の①～③を共有することで、組織としての一貫した姿勢が維持できる。最後に必要になるのが更新ルールだ。クレームは日々移り変わっていく。常に同じクレームが起こるというわけではない。現場経験がどれだけあったとしても、まさかと思うような原因でクレームは発生する。初出のものの対応判断をスピーディーにするためにも、次回同じクレームを受けたときに同じ判断・回答をするためにも、更新ルールを定めてほしい。

④クレーム分析

更新ルールを決めるには、その基となる情報が必要だ。今後ますます増加するクレームに対応するために、対応履歴から事例を集めて、傾向を分析・分類する。これを基に、①〜③を更新する際の基準を明確化する。クレームの記録・蓄積・分類は、すでにやっているという組織も多いと思う。だが、記録を対応の統一に活用している組織はそう多くはない。まずは、クレームの対応記録を集めよう。その一例を以下に提示する。

・お客様情報

お客様の氏名・住所・電話番号。購入商品・利用サービスなど

・クレーム対応の経過

対応した年月日時間、担当者、会話の内容と提示した対応策などを時系列で記録する

・これから改善すべき点、課題点

クレームから学んだことや、改善点や課題点などを記録

・解決フラグ

解決したのか、未解決だったのかを記録しておく

これらの情報は、現場担当者間で共有してほしい。組織ごと、クレームの頻度によっても

異なるが、例えば1週間に1回10分と時間を決めて、担当者間でミーティングをするというように決める。短時間で構わない。逆にあまり間隔が空いてしまうと、その間、同じようなクレームが入った場合に、回答に困ることになる。

そして、さらにクレーム対応記録をデータ化してほしい。クレームを記録・蓄積するだけではなく、その時々の組織や製品、サービス状況、時代背景を知るための情報として活用をしていく。いますぐに対応することが難しい事例でも、長い期間で考えると、時の経過によって、周辺環境が変わったり、技術革新により、意外な解決策が見つかることもある。また、クレームデータを集めて、分類・分析する作業は、担当者一人ひとりの学習効果にもつながる。

集計データからは、次の5つについて分類・分析をしてみよう。

- どのようなクレームが多いか
- どう答えたか
- 基本方針・行動指針に照らし合わせて正しく行動できたか
- どのような条件で解決したか
- 原因は何か

そうすると、クレームの傾向がつかめるだろう。分析には、ある程度の母数が必要なので、1カ月に1回くらいは実施しておきたい。

⑤更新ルールの策定

分類／分析したものを基に、回答にバラつきはないのか、その回答で良かったのかなどを検討する。検討したうえで、判断に迷いが生じた場合やトラブルになってしまった場合は、今後のために法律の専門家にも確認しておいた方がいいだろう。ときには基本方針や行動指針が、現場に合っていない場合が出てくることがある。もし、あるのであれば、現状に沿った内容に更新する必要がある。それが更新ルールだ。

・どんな状況のときに検討するのか
・協議は誰と行うのか
・決済権者は誰か

「行動指針に基づいて対応した、2人の担当者の回答に相違があった場合には協議をする。協議担当は顧客サービス課課長と品質管理部長。協議した結果を承認するのは、品質管理部長が兼任する」などと明文化しておけば、権限者が誰なのかがはっきりする。

この他、データを基に組織として合意形成のとれた「確実な回答」の開発や、「組織としてコンセンサスの取れた対応」の見直しを図ってほしい。それらが整備されていくと、現場でのクレーム対応力が上がってくる。月間のクレーム件数や対応時間の推移を現場と共有していけば、職場全体の連携効果を感じられるようになるだろう。担当者のスキルアップの意識向上にもつながっていく。

図4に組織対応を実践するための手順を示す。

組織として対応するために

「いまのお客様の発言は、○○という法律に抵触しますよ」とお客様に直接言う、言わないは別として、その判断を行うことは現場でのクレーム対応をスムーズにする。通常クレームであれば、謝罪し双方が合意できる解決策を話し合うことができる。しかし、異常クレームやグレーゾーンクレームのクレーマーは、直接的にせよ間接的にせよ、担当者にプレッシャーをかけてくる。

「どうしてくれるんだ！」と大声で怒鳴ったり、「出るところに出てもいいんだぞ」と脅し

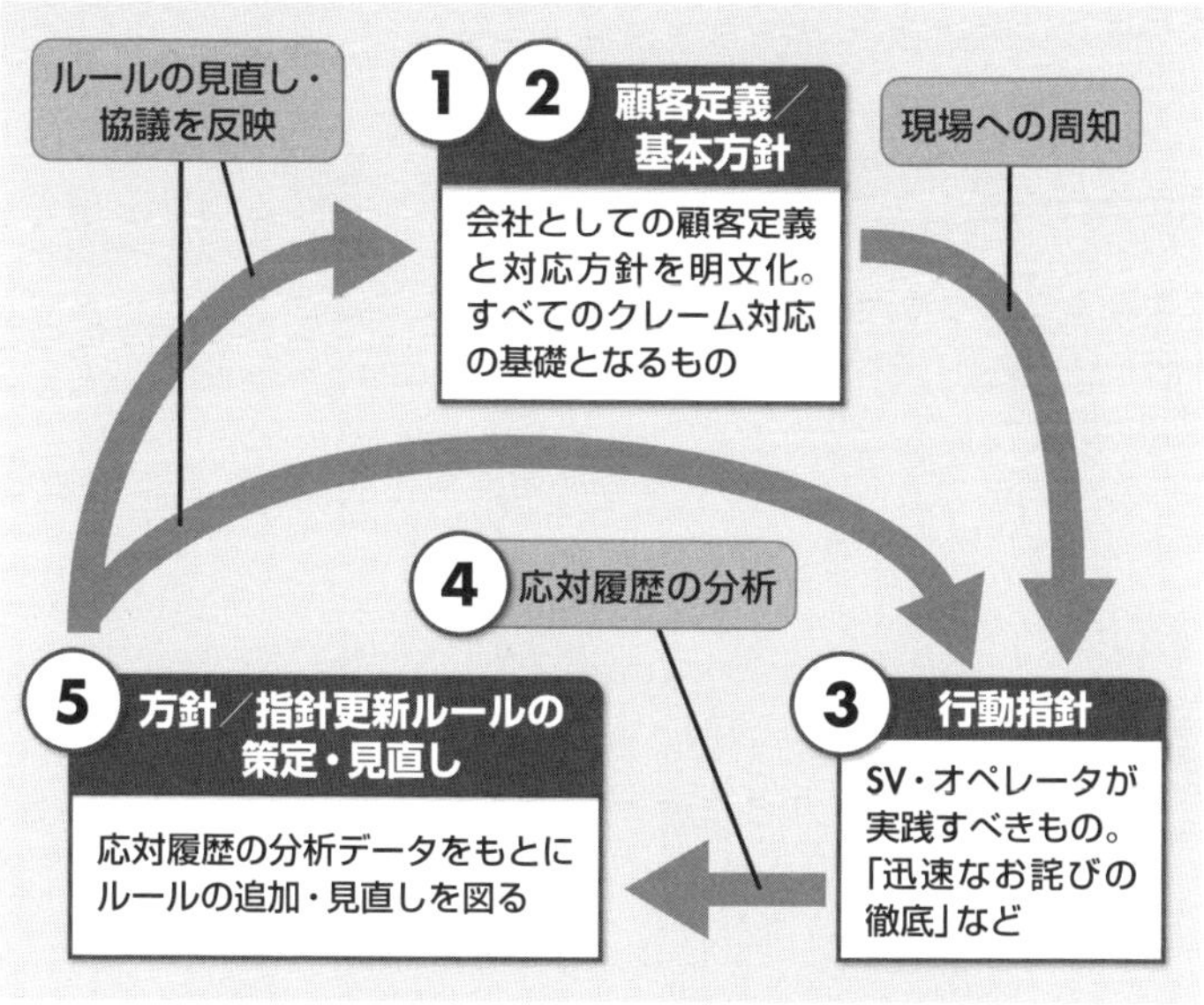

図4　一貫した組織対応を創るための手順

てくる。心理的プレッシャーで、正常な判断ができなくなる担当者の例は枚挙にいとまがない。しかし、これらは、威嚇行為による脅迫罪だ。本来、なんら動じる必要がなく、専門部署に任せてしまえばよい。法に抵触することを伝えたうえで、建設的な話ができないのであれば、最終的には法的対応にする。

そのような道筋が、担当者に把握できていれば、自身のやるべきことがみえてくるだろう。基本方針、行動指針の策定・明文化は、企業で定めたルールの明確な共有であり、組織として毅然と対応するための基礎なのだ。明文化することによって、マネジメント担当者が変わっても引き継げるため、急な方針変更で現場が振り回されることもない。

また、企業ごとの「よくあるクレーム」を題材にケーススタディを作成し、ロールプレイング研修なども実施してほしい。感情が高ぶっていたり、筋の通らない主張をしてくる相手に対し、言い慣れない言葉を発するのは思いのほか難しい。日頃から練習をしておくことが重要である。また、こうした積み重ねのなかから、効果的な対応話法が開発できることもある。その対応話法を共有すれば、組織の対応力はさらに向上する。

重要なのは従業員全員の連携強化

私がコールセンターに勤務し始めたばかりの頃、慣れて3カ月が経ったくらいのときに、大きなクレームを受けたことがある。某携帯電話の受付窓口のことだった。

「私の電話が誰かに盗聴されているので、調べてほしい」という。種類的には異常クレームだ。まだ新人の私は、一所懸命に話を聞きながら「これ、どうやって回答したらいいんだろう?」と、得も言われぬ不安を感じていた。上司に相談をして、「通信電波自体はセキュリティで守られておりますので、電波そのものを盗聴、いわゆる傍受されることはございません」と普通に回答をした。すると……。

お客様「いや、携帯でしかしていない会話を知っていて、私のことを後ろ指さして笑っている。通話を盗聴されているに間違いない」

私「仕組み上、通信電波の傍受はできないようになっております」

お客様「じゃあ、携帯で話した内容が他人に漏れるわけないじゃないですか」

私「携帯以外から漏れることはございませんか?」

お客様「携帯でしかしていないって言ってるでしょ! 私がこんなに怖い思いをしているのに、なんですか、その態度は! 大体、みんないつもそうなのよ、私のことを馬鹿にしてるんだわ……」

私「……」

この後、会話は3時間にも及ぶことになる。

盗聴の話がメインだったが、いつしか盗聴しているのは、住まいの隣人だということになり、隣人から監視されているという話に展開していった。この間、時々保留にして上司に確認をするのだが、普通に回答はもらえる。しかし、電話を代わるでもなく、練習よろしくとばかり、お客様との会話を続けさせたのだ。一言「がんばってね」と。

当時を振り返ると、このような異常クレームに対してのノウハウがなく、四苦八苦しながら、がんばって対応を続ける状況だった。このような状況が続くと、取った電話がクレームだった場合、「あ、ついてないな、やだな」という感情が芽生えると同時に、隣に座っている同僚は「俺じゃなくて良かった」とほっと胸をなでおろすようになる。いつしか、クレームはマイナスのものであり、早く処理するものという扱いになってしまう。

チームワークをよくするためにも、組織のルールを決めたうえで、お互いが協力してフォローをする体制を作りたい。そうすることで、組織のクレーム対応力は向上するのである。

第四章

対応スキルをどう上げるか

クレーム対応には、知識の他に担当者のスキルアップが必要だ。知識習得やスキルアップを含めてトレーニングの機会を持つことが、これからの企業に求められる。

印象を操作する

クレーム対応の一番の入り口は、お客様に与える印象度を良くすることだ。印象の意味を調べてみると、「人の心に対象が与える直接的な感じ」（小学館デジタル大辞泉）とある。つまり、対象とは対応者のことで、対応者がお客様の精神に与える感覚的な影響のことをいう。

この印象度を研究した心理学者が、アルバート・メラビアン（Albert Mehrabian）だ。研究によると、人は3つの要素からその印象を判断しているという。すなわち、「視覚」「聴覚」「言語」の3要素だ。「視覚」は目に見えているものであり、身だしなみ、表情・仕草・動作など。「聴覚」は声をどのように発したか、その言い方のことだ。声のボリュームが大きい・小さい、トーンが高い・低い、抑揚がある・ないなど。最後の「言語」は言葉の内容そのもののことで、「おはようございます」といえば朝のあいさつだなとか、「申し訳ございません」といえば謝罪の言葉なのだなという判断である。

メラビアンは「視覚55％、聴覚38％、言語7％」の割合で人は印象を判断していると打ち出している。これを「メラビアンの法則」といい、社員研修やコミュニケーション関連の本などでよく目にしたりする。メラビアンの法則の正しい理解は、拙著「顧客の心理を読み解く　聞くスキル聞き出すスキル」に詳しいので、ここではポイントだけ理解をしてほしい。言語情報が7％と印象に与える影響力がほとんどなく、視覚・聴覚で90％以上を占めているのだ。これは、話の内容もさることながら、見た目や表情、言い方に大きく左右されるということが分かる。想像してみてほしい、クレームをつけているときに、担当者が接客時の笑顔よろしく、ニコニコと対応していたらどうだろう。担当者に悪気はなくても「なにヘラヘラ笑ろとんねん」とこじれる原因になってしまう。クレーム対応には、相応の態度があるのだ。

①表情から「申し訳ございません」を作る

笑顔は禁物。眉根を下げ、申し訳ない気持ちを顔の表情で表そう。表情というのは、よほど訓練をしないと、自分の思っている感情がそのまま出てしまう。つまり「めんどくさいな」とか「笑ってごまかそう」という心根で対応していると、表情として伝わってしまうことになる。まずは真剣に「申し訳ない」という気持ちで対応すれば、自然に眉根が下がり、困ったような申し訳ない表情が作れるはずだ。

②話を聞く姿勢に注意する

印象を決める視覚要素には、目に見えるもの全般が含まれる。ということは、話を聞く姿勢にも注意する必要がある。クレーム対応時の姿勢は、軽く前傾姿勢で「お客様のお話を伺います」という気持ちを体で表す。距離を取りたい気持ちはわかるが、体を後ろに反らしてしまうと、ふんぞり返って偉そうにしているように見えてしまうのと同様に、声のトーンもそうなるので、避けた方がいいだろう。また、「腕を組む」ことも避けた方がいい。これも、偉そうに聞いているように見えるからだ。話を聞いているときは、お腹の前で手を組み、必要に応じてメモを取るなどして、真剣に聞いている姿勢を示すことが必要だ。

③音声表現力

顔の表情と同様に、声の表情も印象を大きく左右する。顔の表情ができていれば、申し訳なさそうな声の表情が出るはずだ。声の表情は、顔の表情に連動するからだ。ボリュームについては、お客様に合わせるようにしたい。お客様の声が大きければこちらも声を大きくし、小さいようであれば小声で話す。ただし、あまりに小声過ぎて、お客様に聞こえなければ意味がないので、合わせつつ、聞こえるような声のボリュームを心がけたい。電話の場合は、視覚情報がないため、声の表情による印象が大きくなる。少しオーバーなくらいに感情を込めて対応をすることが望ましい。

自分の印象は、仕事の仲間にチェックしてもらうか、時々鏡などでチェックをしてほしい。実際に、「申し訳ございませんでした」という謝罪の言葉を発し、悪印象が伝わっていないかどうかをチェックする。印象が悪かったことで、クレームの本題に入れずに、こじれてしまったケースは枚挙にいとまがない。くれぐれも、「こいつ、俺をなめてるな」とか「話を聞いちゃいねえな」というような印象が伝わらないように注意したい。

クレーム対応基本手順、それぞれのポイント

次に、対応する担当者が身につけていなければならない、クレーム対応スキルを解説していこう。そのためには、第二章で解説した基本手順を、もっと深く、そのポイントを知る必要がある。

クレームの発生した状況や内容が異なっていたとしても、手順①お詫び、手順②傾聴は基

本的に変わらない。異常クレームやグレーゾーンクレームであっても手順①、②は行う必要がある。すべてのクレーム対応の基本といえるだろう。ただし、手順③〜⑥はクレームの種類によって変わるので、注意が必要だ。

一度、クレーム研修の場で「基本手順が通じない場合もありますよね?」と質問されたことがある。しかし、通常クレームでは6つの基本手順を順守して頂ければ、問題はないはずだ。よくよく状況を確認してみると、それは分類的に異常クレームだった。②傾聴までは行えたのだが、手順③心情理解が到底できるクレームではなかったようだ。普段からよくあるクレームで、クレームには真摯に向き合って対応しなければならないという担当者の責任感が、クレームを見分ける目を曇らせていたのだった。

基本手順のポイントを理解しつつ、クレームを見極める目利きを磨いていってほしい。では、手順それぞれのポイントを順を追ってみていこう。

手順① お詫び

クレーム対応で、一番最初に行わなければならないものが「お詫び」である。クレームの正当性にかかわらず、「不快な思いをおかけしたこと」に対して、誠心誠意の謝意を示すのだ。

10年以上前のクレーム対応の常識では「お詫びをしたら、こちらの非を認めたことになる。事実関係がはっきりしないうちは、お詫びをするべきではない」と言われていたことがある。それは、ロジカルなクレーム対応として、訴訟大国であるアメリカから輸入されてきた考え方に起因するのではないかと思う。クレームの内容によっては、原因はお客様の勘違いや企業側に非がない場合もよくある。

しかし、お詫びの言葉がないことは、クレームをこじらせる最も多い原因の一つであり、事実関係がはっきりするまでお詫びがないことは致命的だ。お客様には、何らかの不愉快な気持ちや不便な思いが生じているのは事実であり、そのことに対してまずはお詫びの言葉を伝えるところから、クレーム対応は始まる。事実関係をすべて認めてお詫びをするのではなく、あくまでも不愉快な気持ちや不便な思いに対して部分的、限定的にお詫びを述べるのだ。「ご不快な思いをおかけして、誠に申し訳ございません」、「ご不便をおかけして、申し訳ございません」と。このようなお詫びの仕方を「部分謝罪」という。これ以上怒りを増長させないようにする効果がある。

逆に、とりあえず謝っておけば大丈夫とばかりに、内容の確認を中途半端に「私どもの不手際です」というように受け止められるようなお詫びは、その後の対応を困難にする。最初に非を認めたという認識がお客様に伝わってしまい、後で訂正をしようものなら、「さっきと話が違うじゃないか！」とより怒りを増幅させ、こじれる結果となってしまう。「〇〇という点について、お詫び申し上げます」と、必ず何に対してのお詫びなのかを明確にする「部分謝罪」を徹底することが必要だ。

手順② 傾聴

お客様の話をよく聞く。当たり前のことのようだが、中途半端に聞いている担当者は意外と多い。様々なクレームが増えているとはいうものの、大半のクレームはよくあるクレームだ。解決策も準備万端揃っている。すると、お客様の話を聞いている間に「よくあるいつものクレームだ」、「あ、また誤解されている方がいる」とばかりに、すぐに解決策を言ってしまうのである。しかし、その行為がクレームをこじらせる原因になる。

まずは、何が起こっているのか、情報収集をすることで、お客様が納得する解決策を思索することができるのだ。そのためには、ただお客様の話を漫然と聞くだけではなく、積極的に聞き取る、傾聴と質問力が不可欠となる。具体的なテクニックについては、この章で後述する。

出典：@420HERBAL（Twitterアカウント）

図5　すべての人を納得させる難しさ

手順③　心情理解

心情理解とは、お客様の気持ちを理解することだ。クレームには感情がつきものだ。原因は様々あるけれど、そこから発生する人の感情も、十人十色、千差万別である。同じことでも、人によって感じ方が異なるということだ。

最近、ツイッターで話題になっている「ロバに乗る老夫婦」の話をご存知だろうか。これは、イソップ寓話の「ロバを売りに行く親子」から派生した絵で、すべての人を納得させる難しさを風刺している（**図5**）。

A　夫婦ふたりでロバに乗れば、ロバに大きな負担がかかる

Ｂ　お爺さんだけ乗れば、お婆さんに優しくない暴君として人目に映る
Ｃ　お婆さんだけ乗れば、夫を無下に扱うと、妻として蔑まれる
Ｄ　ロバに誰も乗らずに歩くと、家畜を飼っている意味がない。馬鹿だと罵られる

さて、誰の意見が正しいのだろうか。いや、ここで誰の意見が正しいかを問うこと自体が間違っていることを感じて頂ければ私の思惑は成功だ。

物事に対する捉え方は、人によって違う。購入した商品が不良品だったとして、その怒りの理由は人それぞれだ。「損をした」と思っているのか、「不良品を売りつけて馬鹿にされた」と感じたのか、「思い通りにならなくてイライラ」しているのか、いろいろな理由が考えられるだろう。その内なる感情を言葉で表現をすることで、お客様との心理的距離感を詰めていくステップが、心情理解という手順なのだ。

クレーム対応をしていると、早く解決をしないといけないとばかり、処理に走ってしまい、お客様の心情を置き去りにしてしまうことがある。そうならないためにも、この心情を理解しようと努める手順が重要となる。

あるメガバンクへ問い合わせをしたときに、こんなことがあった。子育て教材のネット販

売を行っている会社が、事務用品購入費用の支払いを銀行口座からの引き落としにしたかったらしい。手元の通帳を見て、口座名義には「株式会社○×△」と書かれていたため、その名義を記入した。一カ月ほどしてから、口座引き落としをしようとしていた会社から、書類不備で戻ってきたとの連絡があった。不備内容は、口座名義人の代表者氏名が不明とのこと。手元の通帳には会社名のみの記載であったため、一体、正式名称とは何なのかと疑問に思い、口座を開いている支店に問い合わせをした。

お客様「結局、正式名称は何なの?」
銀行員「代表者氏名が入って、正式名称になります」
お客様「じゃあ、通帳には代表者氏名がないんだけど、なんでこんなことになってるの?」
銀行員「お調べして、折り返しいたします」
　と、ここまでは良かった。しかし、次のお客様の一言に対して、心情を理解しようとしなかったのだ。
お客様「まぁ、なんか理由はあるんだと思うけど、ややこしいね」
銀行員「ややこしいですか?」

お客様「ややこしいでしょう。ここに書いてある名称と、正式名称が違うってことだから、勘違いして書いてしまった私はそう思うんですけどね」
銀行員「いえ、当行では、このようになっておりまして……」
お客様「それはわかったから、ややこしいよねって聞いてるの」
銀行員「……」
お客様「なに？　これはややこしくない？　普通のことだから、知らない僕が悪いって言いたいの？」
銀行員「いえ、そのようなことは申し上げておりません」
お客様「同じように聞こえるんだけどね。勘違いを促すような表記をややこしいって言ったんだけど、それは違うというの？　どんな理由かはわからないけど、これがややこしくないって、どういう神経してるの？」

この後、話にならないからと、上司対応に切り替わった。お客様は、自分の感覚に、「そうですね」と同意してもらいたかっただけなのだ。にもかかわらず、この担当者は、かたくなに「ややこしい」という感覚に理解を示すことがなかったのである。理解をしないということは、結果お客様の意見を真っ向から否定することになり、クレームがこじれてしまった。担当者に共感や同意を示す素振りすらなかったからだ。

せっかく、「ややこしい」と感じた気持ちをお客様が言葉に表しているのだから、理解を示す言葉を返せば、問題なく回答待ちになっただろう。「左様でございますね。表記が違うことでお客様にややこしい思いをおかけして、申し訳ございません」と受容し、理解しようとする姿勢を示すことができていれば、クレームではなく、単なる問い合わせで終わった可能性も高い。お客様の心情を理解することは、まさにクレーム対応の要なのである。

手順④　事実確認

①〜③の手順は、主にお客様の感情をケアする目的だったが、ここからは論理的な手順になる。事実確認、つまりクレームが発生した原因(真因)が何であるかを明確にする手順だ。簡単にいうと、お客様の申告が本当にあったのかどうかを確かめるということ。「○○店の店員から△△って言われた」との申告であれば、○○店の店員に本当に言ったのかどうか、どんな状況で伝えたのかなどを確認する。

某携帯電話のコールセンターでの問い合わせで、こんなことがあった。

新しく買い替えたスマートフォンの電波が入りにくい。いままでの機種では問題がなく、端末に問題があるので調べてほしいというクレームだった。品物をお預かりし、調べてみても故障は見当たらず、端末に異常はない。現地の電波状況が起因している可能性もあるため、出向いて調べたが、基準通りに電波を受信しており問題はなかった。しかし、お客様はアンテナが「バリ4」(アンテナマークが全部立っている状態)でないので、端末がおかしいと主張し続けるのだった。

ここで、事実を確認しなければならない。損害が発生しているのかどうか、その損害の影響は何なのかだ。

・クレームの原因

そもそも、クレームの原因となった製品・サービスに明確な問題や落ち度があるのかどうか。

・損害は発生しているのか

お客様に損害は発生しているのかどうか。すでに損害が発生しているのであれば、それはどのような損害なのか。通常利用で故障したことに対する修理は補償の対象になる。しかし、利用できなかった期間の機会損失に対しては補償の対象にはならない。お気持ち程度の粗品を贈ることはあっても、営業保証の契約でも結んでいない限り、損害賠償の対象にはなり得ないのだ。

・クレームの原因と損害との因果関係

企業側に原因があって、それによってお客様が損害を被ったとしても、企業側が法的に責任を負う範囲を確認する必要がある。購入した商品が壊れていた場合、新しい商品と取り換える以上の補償をする必要はない。にもかかわらず、「プレゼントのタイミングを逃した」、「誠意を見せろ」、「いますぐ答えを出せ」などと言ってきたならば、通常クレームではない可能性が高くなる。

先の携帯電話の例で考えてみよう。クレームの原因は存在するかどうかを考えてみると、お客様がクレームを言った時点では、原因についてはわからない。調査の結果、電波状況は基準値内であったため、原因はなさそうだ。電波が入りにくいことで、実際の電話が取れなかった、かからなかったという事実もなく損害も確認できない。企業視点で見れば、クレームの原因もなければ、損害も発生していない。つまり、クレームの原因はクレームを言った本人に問題のある可能性が高い。電波状況が少しでも悪くなると、過敏に反応する方だったのだ。精神的に不安定な人であるとも考えられるかもしれない。

手順⑤　解決策の提示

ここでようやく解決策・代替案の提示に移る。お客様の心情や事実を確認したことから、担当者として、組織としてできることをお客様に提示する。傾聴、心情理解を経て、お客様の怒りの感情を受け止めたなら、現実的な話をすることでクレームを収めよう。通常は、損失の補填ができていればクレームは収まる。

しかし、提示した解決策や代替案に「ＮＯ」と言ってくる場合がある。その場合は、権限のある場合を除き、担当者個人レベルでの回答は避けるほうが賢明だ。この時点で提示している案は、組織としてこれ以上はない、というところまで考えたうえでの回答のはずだ。もし、お客様が「それでもだめだ」と言ったとしても、「これ以上の回答ができない」と答えるしかない。もちろん、なぜ納得できないのかその理由を聞き、歩み寄る必要はある。いたずらに自分の要求を通そうとする場合は、通常クレームではなく、法的な対応に切り替えるという基準や、組織としての覚悟が必要になる。

一番避けたいのは「お金で解決する」ことだ。「作業中にお客様のモノを壊して弁償する」とか、「不良品の返金対応」などは、明らかにお客様に損害があり、その因果関係が企業の非にある場合は金銭での対応が必要だ。しかし、早く解決しようと過剰な金銭を支払ってしまったことにより、新たなクレームの火種をつけてしまったケースも少なからずある。

某ファストフードチェーンの新宿店で、店員の態度に対してクレームを受け、商品の無料クーポン券で対応した。すると、味をしめたお客様は同系列の池袋店に同じクレームをつけたという事件があった。新宿店では組織側に原因のあるクレームだったのだが、その後の池袋店ではクーポン券欲しさに、わざわざクレームの種を探していたらしい。解決のために過剰な金銭を支払ったら「あのお店は○○の件ではお金を払う」と覚えられ、クレームを繰り返すという事態に発展する。安易な金銭解決は避けなければ、クレームはますます増えることになる。

その一方で「お金の問題ではない」と考えているお客様も多い。正当な金額の提示をしても、受け入れない場合がある。それよりも気持ちを分かってほしいと……。その場合は、傾聴・心情理解に戻り、もう一度感情面を聞きこんでいく必要がある。提示した解決策を受け入れるかどうかを決めるのはお客様次第だ。受け入れられるような状況が作れているかどうか、それまでの手順をいかに丁寧に実施しているかが、ここで問われることになる。

手順⑥　お詫びと感謝を伝える

通常クレームは、お詫びと感謝を示すことで完了となる。最後まで気を抜かずに、言葉にして伝えることで、お客様との関係性を作り上げることができる。もう一度、お詫びをすると同時に、貴重なご意見を言って頂いたことへの感謝の気持ちを伝えよう。

「ご迷惑をおかけして、誠に申し訳ございませんでした。また、貴重なご意見を頂きましてありがとうございます。またのご利用を心よりお待ちしております」と具体的に伝えるのだ。

クレーム対応の基本は情報収集

基本手順のそれぞれのポイントはご理解頂けただろうか。手順を実行するにあたって、意識してほしいことがある。クレーム対応は情報戦だということだ。

クレームを早く解決したいから、素早く解決策を提示したり、とりあえず謝ることは真のクレーム対応ではない。何らかの状態で、お客様は怒っているかもしれないが、その原因は単なるお客様の勘違いということもよくある。そのときに、担当者は業務に精通しているので、お客様の勘違いだということを割と早めに気づいてしまう。

しかし、その段階で〝お客様の勘違いである〟ことを伝えても「勘違いするような広告が悪い」、「販売担当者の説明がわかりにくい」という指摘につながり、「それなのに、担当者は私を悪者にした」とこじれクレームの原因となってしまう。もし、勘違いであると思ったとしても、何が勘違いを誘ったのか、どのような勘違いを起こしているのか、お客様の思いを聞いていく必要がある。

論理的な状況だけでなく、お客様の気持ち、感情という「思い」までも確認しよう。すると、頭で考えているだけではなく、案外「腹が立っていることを分かってほしかった」、「こんなことでクレームをつけて、変に思われないか」という不安を受け止めてほしいだけのクレームだったりする。判断できる情報は多いほどいい。聞いて聴いて訊いて、聞き込んだ情報からでしか、解決は見出すことができないことを心がけよう。

怒りの原因を探る質問力

傾聴の手順で、とくに必要なスキルが質問力だ。怒りにまかせて、お客様が話をしてくれている段階はまだいい。しかし、お客様は自分の話したいように話すのであり、必要な情報をすべて話してくれるかというと、そうではない。そのためには、お客様からの情報を引き出す質問力が必要だ。

質問力には『相手の曖昧なニーズや潜在的な意識を、様々な問いかけによって明確化する力』がある。質問をすることで、お客様の考えや感情を明確にしていくのだ。また、質問はお客様の思考を刺激する効果がある。

思考にはそれなりにエネルギーが必要になる。自分自身のことを考えるだけでも、かなりの集中力がいる。ましてや、他人とのかかわりの中での問題についての思考は、多大なるエネルギーが必要だ。興味を持たない話題についてお客様が考えてくれることはほとんどなく、聞き流すことになる。

つまり、原因を説明する前に、質問を駆使して、お客様が説明を聞き入れる状態を作り出すことができれば、クレーム対応はスムーズに進むだろう。質問力は、それだけを取り出しても一冊本が書けるくらいに深い分野だが、ここではお客様に質問をするときに、覚えておいてほしい一点をお伝えする。

それは、「人は自分にメリットを感じない質問に答えたくない」ということだ。一言二言話しただけの、まだ警戒心が残る相手に、メリットを感じない質問をされると、不信感が湧き起こる結果となる。

　自宅に、通信回線やワンルームマンション経営の営業マンから頻繁に電話がかかってくるのだが、名乗ってからいきなり質問を投げかけてくる。

「いま、○○回線をご利用頂いてますでしょうか」

「サラリーマンの方ですか?」

　と、初めましての相手に、いきなりこんな質問をされたら、どんな感じがするだろうか。答える義務はない、と思わないだろうか。警戒心が強く働き、「答えたらまるめこまれそう」とか「言うことでなにか不都合が出ると困るな」と頭を働かせることになる。メリットがない、デメリットを被ったら嫌だなぁ、という思いが強く働き、不信感が増すことになる。

　そこで、質問する理由を添えてみるとどうだろう。案外すんなり聞き入れられるようにならないだろうか。

「○○回線をご利用の方は、月々の料金がお安くなる場合がございます。いま、○○回線をご利用頂いてますでしょうか」

「金融資産として、投資用マンションを現在のご職業に適したプランでご案内しております。サラリーマンの方ですか」

といった具合だ。どうだろう、グッと答えやすくなったと感じないだろうか。人は、答える理由があると、話しやすくなる。相手に応えてもらいたいことがある場合は、なぜそんな質問をするのか、理由を説明してから質問するように心がけよう。

第五章

過熱する異常クレームへの対応

異常クレームが増加している

通常とは異なったクレーム、つまり異常クレームとは担当者や企業にまったく非がないにも関わらず、クレームをつけたいからという理由や、担当者を困らせたいからという理由で起こるクレームだ。延々と説教をしたり、ストーカー行為に発展したりする場合もある。異常クレームは、その原因が存在しないため、通常クレームの対応を続けていると、解決することができないばかりか対応者が疲弊してしまう。

では、なぜ異常クレームが増加しているのか。それはすべての人に納得をしてもらいたい、余計な攻撃は受けたくない、波風を立てないようにしたい、という企業や組織の姿勢が影響している。すべての人に納得してもらうことの難しさは、前章の「ロバに乗る老夫婦」の絵で解説した。しかし、それでもすべての人に納得をしてもらおうとすれば、モノ言わぬサイレントクレーマーより、声の大きい少数意見に対応することになる。

例えば2017年4月に、愛知県の消防団に対して、市民から「消防車でうどんを食べに来ている」という苦情が寄せられたそうだ。これに対し、該当する男性団員7名は「消防車で飲食店に来るのは非常識」と注意され、消防車は消防活動以外使用しないという規則ができたそうだ。

一見すると普通のことのようにみえる。いや、もし普通にみえているのであれば、声の大きい少数意見に惑わされている。現場の消防士の仕事を考えて頂きたい。消防士は火災が発生したときに、すぐさま現場に駆けつけなければならない。そして、火災を鎮火し被災者を助けるのが役割だ。緊急時にすぐに動けるように、日頃からトレーニングを行い、待機をするのだ。消防士も人間であり、食事はエネルギーの補給ではないだろうか。食事の際に召集がかかったら、そこからすぐに現場に向かうこともできる、そういったメリットもあるだろうに、市民の意見で自粛をしてしまう傾向が、いまの社会現象になってしまっている。

実際、消防士の方に話を聞くと、もっとひどいクレームがあるようだ。「夜はうるさいからサイレンを切れ」や「土日はうるさいから訓練はするな」などだ。対する消防署は、サイレンは大通りに出るまでは減音モードにし、土日の午前中はエンジンをかけての訓練は禁止になったそうだ。ある消防署では、「筋トレばっかりしていないで仕事しろ!」というクレームに、業務中の筋力トレーニングが禁止になったそうだ。そして、ひとたび自分が火災の被害者になった場合、消防士の筋力トレーニング不足に対してクレームを言うのだろう。

こうして、異常クレームの主たちは自分の(おかしな)意見が通ることを学習し、自分の気に入らないことや、損をすることに対し、異常な反応を示すことになったのだ。何かがおかしい。クレーマーの言いなりになるのではなく、きっちりと説明をして納得しないまでも、理解を促す必要があることをクレーマーに訴えなければならないのではないだろうか。

アメリカでは同じようなことは起こらないらしい。市民とふれあいながら、食事をするし、出動帰りにコーヒースタンドに寄ったりする。では、同じようなクレームを言う人はいないかといえば、やはりいるそうだ。しかし、担当者が「ハハハ、クレージー」と取り合わないらしい。基本方針として、「消防士は火災時に、迅速に火を消し止めるのが仕事。被災者でない個々の住民感情に惑わされない」ということだろう。自分たちが存在する目的を、組織がしっかりと守っているのだ。

異常クレームから人材を守る視点が必要

どんなクレームにも誠実に対応をするのは、日本の風潮だろう。だが、誠実な対応を目指しても、クレーマーの思う通りにならなければ異常クレームは終わることがない。その結果、担当者がうつ病を発症したり、休職や退職に追い込まれたりする人の数はものすごい勢いで増えている。あまりにも追い込まれ過ぎて、お客様への加害行動や自殺者まで出した企業や地方自治体もある。

異常クレームは、問題解決が目的でないため、どれだけ真摯に対応しても終わらない。むしろその真摯な対応に付け込んで、どんどんハードなクレームになっていったり、長期化する傾向にある。その場合、担当者が追い詰められ、もし自殺者が出たような場合を考えてほしい。コンプライアンスを疑われることになり、管理監督者や組織そのものが、責任追及されることになるだろう。明らかに非のない異常クレームには、丁寧に、しかしきっぱりとお断りをする。その企業姿勢が求められるのである。

異常クレーム、そのタイプは2種類

異常クレームは、大きく2つのタイプに分かれる。「自己執着型異常クレーマー」と「脳内妄想型異常クレーマー」の2種類だ。

①自己執着型異常クレーマー

自己執着の強い人とは、簡単にいうと自分にしか関心のない人のこと。言い換えれば、意識の焦点が自分にしか向いていない人で、自分の世界観が唯一無二。それ以外の世界観を認められない人とも表現できるだろう。基本的に自分が絶対的に正しいと信じており、説明を聞かない傾向が強い。そのため、延々と話を続け、長期化する確率が高いクレーマーでもある。

「天下の○○さんが、そんなことを言っていてはだめだねぇ」、「こんなこと言いたくないんだけどねぇ、おたくらのために言っているんだよ！」と、あたかも善人を装って、上から目線で接してくるのも自己執着型クレーマーに属する。また、個人の独自理論を展開するため、他のお客様との協調などから、かけ離れた論理を展開することも多い。少し前に話題になった（いまも、まだまだ話題沸騰中？）モンスターペアレントも、この自己執着型クレーマーの一種といえるだろう。

ある小学校のこと。運動会の練習で「気をつけ」と号令をかけたら、「軍隊みたいな教育をするな！」と保護者が怒りだし、校長に駆け込んだという。そこから延々、軍隊で使われた気をつけの意味から、現代の教育論を展開したという。途中で意見を言おうとしても、すぐに遮って、「違う、よく聞きなさい。こういうことだ」と、持論を展開し続けるのだ。慣例慣習などはお構いなく、自分の思い通りにならないと、相手をねじ伏せて意見を通そうとするのが、自己執着型の特徴だ。モンスターペアレント関連では他にも、こんな例がある。

- 子どもはにんじんが嫌いなので、給食からにんじんを抜いてほしい。
- 早生まれの子がいると、クラスのレベルが落ちるので月齢別にしてください。
- 子どもが1つのおもちゃを取り合って、けんかになる。そんなおもちゃを保育園に置かないでほしい。
- 「わかった人？」って聞くのをやめてほしい。
- 模擬試験と重なったので、運動会の日取りを変えてほしい。
- 「こんにちは」や「ありがとう」を言えるようにしろ。
- 休んだ1週間分の給食費を返金しろ。
- 授業中に落書きを注意されて、先生が嫌いになったと言っている。子どもが落書きするのは、先生の授業が面白くないからだ。
- 先生が責任をもって宿題を終わらせてほしい。放課後、終わらせたのを確認してから帰宅させてほしい。

まだまだとんでもない事例が山ほどある。家庭で行わなければならない躾を学校に押しつけたり、集団生活の場に個人的便宜を図れというものだ。組織側に落ち度はなく、しかし、ぞんざいに対応してしまうと、その態度を責められ、こじれることもしばしばある、厄介なクレームだ。

②脳内妄想型異常クレーマー

このタイプは精神的に病んでいることが多く、クレームを言うことが目的ではなく、担当者と話をすることが目的だ。話をするという、担当者との心理的密着によって、心の闇や欠損を埋めることが真の目的といえる。このタイプのクレーマーの問題は目の前の事象ではなく、当人の心の中にある。よって解決することができない、非常に厄介なクレームなのだ。役所関連にこのタイプのクレーマーは出没する。

「公民館のサークルで仲間外れにあった。きっと、私の家のことを妬んでいるんだわ。なんとかメンバーを説得をしてほしい」といった被害妄想のタイプから、「息子の婚約相手の実家に挨拶に行くときには、何をお土産に持たせたらいいかしら。このお土産で息子が気に入られるかどうかが決まるから、ちゃんと教えてよね」という、病的なタイプまで様々だ。「うちは市役所なので……」という当たり前の回答をしようものなら、「何のために役所はあるんだ。我々住民のことはどうでもよいのか。給料は税金から支払われているんじゃないのか」とクレームは長期化することになる。仮に、公民館サークルの仲間外れの問題が解決したとしても、また別の何かをみつけては役所に来るだろう。

異常クレームは平行線で終わる

企業側にまったく非のない異常クレームは、通常クレームと同じ対応をしていると、解決せずに長期化することが多い。話を聞き、誠実に対応しようとしても、解決策が見い出せず、泥沼化することも少なくない。

心構えとして、まずは、結論を出す必要がないと理解しよう。解決策が見い出せないということは、解決できないということだ。無理に解決策を考えるのではなく、話は平行線で終わることを覚悟して臨もう。そして、対応する時間をあらかじめ決めておこう。一定の時間が過ぎてもクレームが続いている場合は、同じことの繰り返しになっている場合が多い。事態を前進させるためにも、「担当者を変える」「時間がないことをお伝えして、多少強引になっ

 てもお引き取り頂く」などの対応策を考えておくことも重要だ。

自己執着型異常クレーマーへの対応方法

1つのことにこだわり、クレームをつけてくるタイプ。元は普通の常識人のため、非常識な人という扱いを受けることを何よりも嫌う傾向がある。かつて社会的地位の高かった人が多く、自己保身、自己防衛の意識が強いのが特徴だ。あまりに長時間に、しつこくクレームを言ってくる場合は、これ以上対応しきれないことを伝えよう。

「○△様のおっしゃることは理解を致しました。しかし、これ以上○△様のお話をお伺いしたところで、解決策が見い出せず、○○○とこれだけの時間を私どもは失っております。これ以上は不本意ですが、しかるべき専門部署に引き継ぎせざるを得なくなります」

このままでは、大事になるというニュアンスを伝えることで、このタイプのクレーマーは引き下がる可能性が高い。もし引き下がらなかったら、仕方がない。本当にしかるべき専門部署に引き継ぎ、組織としての見解を伝えていくことになる。

脳内妄想型異常クレーマーへの対応方法

このタイプのクレームは、担当者と話すことが目的だ。そのため、解決策が見い出せないのは、自己執着型異常クレーマーと同じなのだが、常識が通用しないという特徴がある。話を続けること自体が欲求を満足させているため、長くなればなるほど要求がエスカレートし、長話しや連絡回数の増加という現象に現れてくる。ある意味、ストーカーと考えて頂ければいいだろう。長々と付き合う必要はないので、丁寧にお断りをすることで対応しよう。

第三章で話題にした「導入前の検討を3年も続けているお客様。新しい雑誌が出ると記事の内容を細かく聞いてきて、1時間以上もオペレータが拘束されます。ときには、記事をそのまま読まされることもあるのですが、どうしたらよいでしょうか？」という、ある高齢者向け雑誌の定期購読のコールセンターの場合も、これ以上導入前の相談に応じられない旨を伝えることが必要だろう。

この質問を受けた際、1つ試してほしいことがあると受講生に提案した。それは少々押しの強い担当者から「いいから買ってよ」と伝えてみてはどうかと。つまり「おばあちゃん、もう、3年も買うかどうかで迷ってるよ。もう迷うより、買ってみて実感しないことには、判断できないよ。とりあえず、一冊買ってよ！」と言ってみてはどうかと提案したのだ。このことで、目的が話を聞いてもらうことにあるのであれば、電話をかけてこなくなるし、もし一冊買ってみようという気になってもらえれば、窓口の目的は達成されたといえる。

ただ、一冊買った後に、今度は感想を電話してくる可能性も考えなくてはいけない。その場合は、嘘も方便、何らかの理由をつくって、対応を終了にもっていこう。「他の電話が入りましたので、失礼させて頂きます」とか、「いま、立て込んで参りましたので、申し訳ございませんが、切らせて頂きます」と対応を終了させよう。本当かどうかはわかりようがないし、お客様の同意もとくに必要なく、終了させて問題はない。

さて、タイプ別の異常クレーム対応方法をみてきたが、実は、異常クレーム、悪意クレーム、グレーゾーンクレームは対応が共通している部分がある。それは、「丁寧にお断りをする」ということだ。第三章で解説した基本方針と対応指針を具体的に決め、お断りの方法（言葉）も決めておく。ルール化し、いつでも対応できるようにすることで、迷わず判断することができる。何らかの加害行為（肉体的にも精神的にも）があった場合は、法務部門・専門家に相談したうえで、躊躇せずに警察に通報することも決めておくとよいだろう。

異常・悪意・グレーゾーンの詳しい対応方法については、章を改めて解説する。

第六章

悪意クレームに対応する

悪意クレームとは

悪意クレームとは、明らかに他に目的のあるクレームのこと。業務妨害が目的であったり、金銭要求が目的だったりと、自分の利に対する不当な要求を突き付けてくるクレームのことである。明らかに不当な要求なため、クレーマーには法を犯しているという犯罪意識があり、短期で決着をつけようと仕掛けてくる。組織側に何ら落ち度もないのだが、クレームをつけるためのネタをねつ造する場合もあり、対応には法律や交渉の専門知識が必要になる。そのため窓口や一次受付の担当者が対応するクレームではなく、専門部署や法律の専門家が対応すべきクレームである。ただ、最初は通常クレームと同じように主張してくるため、担当者は悪意クレームの知識と見分け方を必須知識として、身につけておくことが重要だ。

金銭要求目的は、ほとんどの場合、民間企業が狙われる。役所などの公的機関を狙った悪意のクレームは、業務妨害目的の場合が多い。

悪意クレームの典型的な事例は、第三章でも触れた「映画・ミンボーの女」が参考になる。映画のためデフォルメして極端に表現しているが、悪意クレーマーの要素がふんだんに盛り込まれている。

- ホテル内のプールに刺青姿で侵入
- ロビーで大声を出していたところを注意すると、注意したスタッフに食ってかかる
- レストランの食事に、ゴキブリを故意に混入させ金銭を要求する
- 支配人を罠にかけ、スキャンダルをネタに脅す
- 新館建設の工事に地域住民のクレームと称し、街宣車で威嚇する

担当者を威嚇して正常な判断を狂わせたり、クレームの原因をねつ造したりする。いずれも、刑法に触れる重大な犯罪行為だ。最後には、ほとんどの場合、警察に検挙されてしまうのだが、クレームにさらされている間、担当者の恐怖は間違いない。まして、悪意クレームに対しての知識がなかったとしたならば、その恐怖は相当なものだろう。ただ、明らかに法を逸脱している行為であるため、組織での対応力がしっかりしていれば、それほど難しくないクレームといえる。判断軸が明確であるため、むしろ他のクレームに比べてスピード解決が可能なクレームだ。

悪意クレームを見極める4つのポイント

悪意クレームは、クレームの解決が目的ではなく、金銭や業務妨害が目的だ。こちら側がクレームの原因について罪悪感を感じている間、つまり正常な判断力が機能する前に決着をつけるという心理がある。そのため会話運びに特徴的な4つの要素がある。

①執拗に、②反復的で、③恐喝的で、④曖昧であることだ。それぞれに目的がある。

執拗なのは、長時間拘束し、疲弊させ、正常な判断を阻害するために行う。反復的に何度も同じ質問を繰り返し、「先ほどの話と違う」と揚げ足を取ることで、話を有利にもっていく。恐喝的というのは、具体的な恐喝の言葉を発するのではなく、クレーム内容と別のことで大声で叱責したり、机を叩いたりして、心理的に追い詰めるために行う。

電話の場合は、「ふざけるな!」と大声で怒鳴って威嚇した後、「悪い。犬がいたずらしてコップの水をこぼしたんだ。で、話を元に戻そうか」とやってくる。先の大声で心臓は縮み上がっている。正常な判断を失わせることが目的だ。要求は曖昧に、具体的な金額や要求を自ら言うと、違法行為にあたるため、「誠意を示せ、誠意を」と目的とされる要求が提示さ

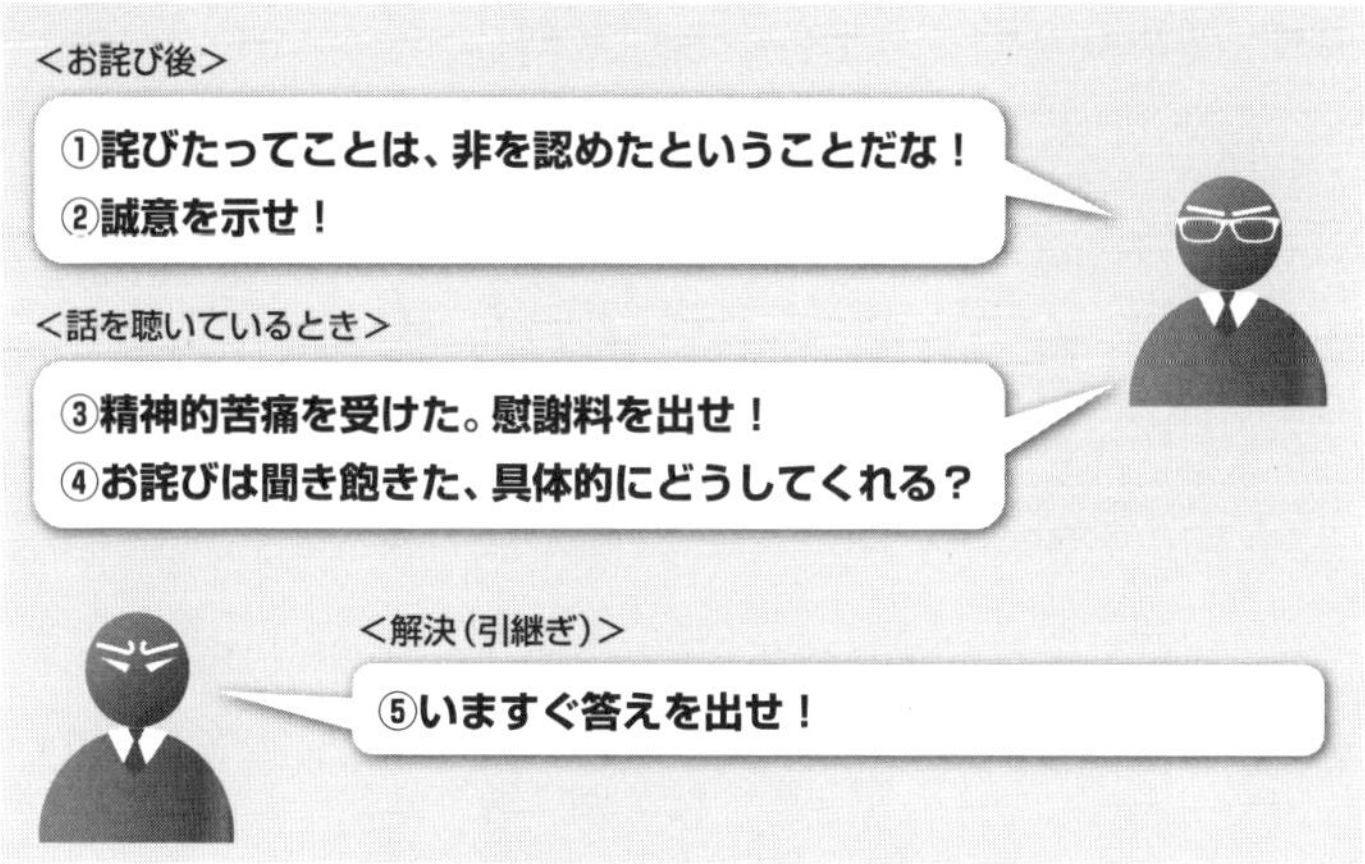

図6　悪意を見つける「キーワード」

れるまで、曖昧に要求を繰り返す。

クレームの原因がはっきりしない段階で解決を急ぐ言葉が出てきた場合は、悪意クレームの可能性が高い。時間をかけることで考える余裕ができて、悪意があること、違法行為であることに気づかれてしまうからだ。

「誠意を示せ」

「詫びたってことは、認めたってことだな」

「精神的苦痛を受けた、慰謝料を出せ」

「お詫びは聞き飽きた、具体的にどうしてくれる？」

「いますぐ答えを出せ！」

というような言葉が出てきた場合は、要注意ランプが点滅したと思って頂ければよいだろう（**図6**）。ただし、感情が高ぶってしまい、こじれてしまったクレームでは、このような発言をするお客様はいる。あくまで目安として考えてほしい。最終的な判断は、事実確認をきちんと行ったうえでしてほしい。

関係法令を知っておく

悪意のあるクレーマーは、具体的な要求をすると犯罪になる可能性があることを理解している。実際にゴキブリを故意に混入させたのであれば詐称行為にあたり詐欺罪に、ロビーで大声を出すのであれば威力業務妨害罪にあたる。要は、クレーマーの行動が違法行為にあたるかどうかを判断すればよい。そのためには、関係法令を理解し備える必要がある。

刑法１３０条　住居侵入罪・不退去罪

正当な理由がないのに、人の住居若しくは人の看守する邸宅、建造物若しくは船舶に侵入し、又は要求を受けたにもかかわらずこれらの場所から退去しなかった者は、３年以下の懲役又は10万円以下の罰金に処する。

例：拒否したにもかかわらず、事務所に押しかけてきた。退去を求めたが居座った。

刑法222条　脅迫罪

1．生命、身体、自由、名誉又は財産に対し害を加える旨を告知して人を脅迫した者は、2年以下の懲役又は30万円以下の罰金に処する。

2．親族の生命、身体、自由、名誉又は財産に対し害を加える旨を告知して人を脅迫した者も、前項と同様とする。

例：①お前の家はわかっている。小さい子供もいるようだから、暗い夜道は気をつけろ。
②退社時間は何時だ？　事務所の前で待っているからな。

刑法223条　強要罪

1．生命、身体、自由、名誉若しくは財産に対し害を加える旨を告知して脅迫し、又は暴行を用いて、人に義務のないことを行わせ、又は権利の行使を妨害した者は、3年以下の懲役に処する。

2．親族の生命、身体、自由、名誉若しくは財産に対し害を加える旨を告知して脅迫し、人に義務のないことを行わせ、又は権利の行使を妨害した者も、前項と同様とする。

3. 前2項の罪の未遂は罰する。

例：「念書を書かないと、SNSでこのことを公開する」と言われ、念書を書いてしまった。

刑法233条　信用毀損・業務妨害罪

虚偽の風説を流布し、又は偽計を用いて、人の信用を毀損し、又はその業務を妨害した者は、3年以下の懲役又は50万円以下の罰金に処する。

例：①健康食品の○○サプリは、発がん性のある原材料が使われているとの虚偽の情報をネット上で広めた。

②一日数十回にわたり電話をかけてきて、業務に関係のないことを繰り返し、電話回線をふさいだ。

刑法234条　威力業務妨害罪

威力を用いて人の業務を妨害した者も、前条（刑法233条）の例による。

例：「顧客プライバシーをのぞき見している」とホテル前を街宣車にて喧伝し、お客様が入ってこれないようにした。

刑法２４６条　詐欺罪

人を欺いて財物を交付させた者は、10年以下の懲役に処する

例：　異物混入をでっちあげ、示談金を搾取した。

刑法２４９条　恐喝罪

人を恐喝して財物を交付させた者は、10年以下の懲役に処する。

例：「不祥事をマスコミにばらす」と脅し、取材協力金や機関誌の名目で、金銭を取得した。

その一方で、相手側ではなく、企業側にその責が負わされる法律もある。

刑法247条　背任罪

他人のためにその事務を処理する者が、自己若しくは第三者の利益を図り又は本人に損害を加える目的で、その任務に背く行為をし、本人に財産上の損害を加えたときは、5年以下の懲役又は50万円以下の罰金に処する。

例：賠償する法的理由がないのに、クレームを収めるために一従業員が法外な金額を渡した。

かつては、クレーム対応時に当たり前のように行われていた行為かもしれない。些少の金額の場合は、ちょっと過剰なサービスだったで済む場合もある。しかし、あまりに高額な金額や商品補填をしてしまうと、背任(任務に背くこと。自分の利益のために役所や会社に損害を与えること)として、担当者が罰せられることになる。

なお、実際の状況により何の罪に該当するのかは、いろんな解釈がある。弁護士など専門家に確認をしてほしい。ここでは、こちらが望んでいないことを、あの手この手で無理やり言うことを聞かせようとする行為が、犯罪行為になることを覚えておいてもらいたい。

うどん屋のレジでのトラブル

あるうどん屋の会計時に事件は起こった。店員はアルバイトで、最近レジでの会計業務をやり始めたばかりだった。

店員「4150円でございます。5000円お預かりします」

とお客様に伝え、店員は五千円札をレジに入れ、おつり850円を出した。ここで、店員はミスをしている。預かったお金をすぐにレジに入れてしまったのだ。

店員「850円のお返しでございます。ありがとうございました」

客「えっ？　渡したの一万円札だけど」

店員「はい？　いえ、あの、お預かりしたのは五千円札でしたが……」

客「いや、一万円だよ、渡したのは。自分が出したお金を間違えるはずがないだろうが」

既に五千円札はレジの中に入っているので、証拠はなく、渡した渡されてないの水掛け論になってしまった。困ったなぁ、どうしよう。レジのお金が合わないと、店長に後で叱られるなぁ。思いながら、お客様に五千円札だったことを言い続けた。

客「なんだぁ、コラ。俺が嘘をついてる。こう言ってるんだな貴様。ここは、ぼったくり居酒屋か？」

と語気荒く、怒鳴り始めてしまったため、他のお客様が会話を止めて、様子を伺っていた。

店長「申し訳ございませんお客様。私店長の大久保です。藤木の対応に何か不手際がございましたでしょうか」

客「不手際も何も、俺は一万円を出したのに、五千円しか受け取ってないと言い張るんだ。おつりが足らないんだよ」

店長「左様でございましたか、ご迷惑おかけして大変申し訳ございません」

客「まぁ、兄ちゃんも若いし、これからは気をつけな。俺は五千円を返してくれたらそれでいいから」

店長「藤木の手違いでややこしくなってしまい、誠に申し訳ございません。こちらの都合で申し訳ないのですが、閉店後、レジの売り上げをチェックしまして、お金の計算をさせて頂いてもよろしいでしょうか」

客「あぁ、そんな時間ないよ。俺が嘘ついているとでも言いたいのか」

店長「そういったわけではございません。はっきりと事実確認をしたうえで、お詫び申し上げたいと思いますので、ご連絡先を教えて頂けますでしょうか」

客「はぁ？　なんで、お前らに俺の個人情報を教えないといけないんだよ。後で嫌がらせでもするつもりか。いま、五千円出せば済む話だろうが。」
店長「嫌がらせなんてとんでもない。そんなつもりは毛頭ございませんので、知り合いの警察官に立ち会ってもらって、お伺いしてもよろしいでしょうか」
客「なんで、警察が関係してくるんだよ」
店長「嫌がらせとか、悪用目的でご連絡先をお伺いするわけでないことを、信頼のおける第三者に立ち会って頂こうかと思うのですが」
客「そんな大層な話じゃないんだよ。もういいよ、二度と来るかこんな店」
と足早に去って行ってしまった。

もうお気づきの方もいると思うが、私の若かりし頃の経験である。当時は高校生で、うどんと一緒にお酒も少し出していた。そんな店舗でのトラブルだ。レジでの会計時、預かったお札はレジの中に入れるのではなく、お客様が退店されるまで、外に出しておくというセオリーができていなかった。

その一瞬のミスを見逃さず、クレームをつけられ始めた。この例では、悪意のクレームの典型的なパターンが存在する。自分の行っていることが、犯罪行為であることを理解しているため、早く決着をつけたかったのだ。私がすみませんと言い、その場で五千円札を渡すように仕向けてきた。しかし、店長に怒られることを恐れるあまり、水掛け論になってしまい、決着が長引いてしまったのだ。

後で現れた店長にも、早く金を出せば済むという話をしている。そんなクレーマーに、店長はひるむことなく、調べる、事実関係をはっきりさせる、後ほど連絡すると、いますぐに決着することを避け交渉を続けた。すると、形勢が悪くなった相手は、自らそれこそ脱兎のごとく逃げ出したのだ。

悪意のクレーム対応は、そんなに難しくない。怖がることも逃げることも、無理して闘う必要もない。悪意のクレーマー自身が犯罪行為であることを自覚しているため、旗色が悪くなると退散する。逃げ足も速い。自分たちに非がないのだから、事務的に決められた対応をすればいい。

現実的には、大きなコールセンターに悪意のクレームはあまりかかってこない。なぜなら、基本的に録音されているからだ。犯罪行為は記録に残されると困る。また、電話越しだと距離があるため、住所氏名など自分の素性を明らかにしないことには話が進まない。短期決戦で自分の利益を確保しにくく、長時間に及ぶとリスクが高くなるという、悪意のクレーマーが最も嫌う要素があるのが、大きなコールセンターなのである。

第七章

対応の難しいグレーゾーン

犯罪意識のない悪意のクレーム

いま、企業が一番頭を抱えているのがグレーゾーンクレームだ。入り口は通常クレームと同じなのだが、悪意のクレームのようにプロ犯罪者ではなく、そこに巧妙さはない。異常クレームのように企業側に落ち度がない訳でもない。他のクレームの要素を併せ持ちながら、過剰・過大な要求に発展していくクレームがグレーゾーンクレームだ。それぞれのクレームが混ざり合った状態なので、判断がしにくく、それゆえに担当者にとっては頭の痛いクレームである。

「東芝クレーマー事件」をご存じだろうか。1999年(平成11年)に起きた、東芝の顧客クレーム処理を発端とする事件のこと。「東芝ユーザーサポート問題」と称されることもある。

東芝のビデオテープレコーダーを購入した顧客が、購入直後に、製品の点検・修理の依頼をしたところ、勝手に改造されたと主張。その際、転々と交渉窓口をたらいまわしにされた挙句、東芝の渉外管理室担当者から暴言を吐かれた。その経緯や電話応対の録音を、「東芝のアフターサービスについて〈修理を依頼し、東芝本社社員から暴言を浴びるまで〉」と題するユーザー自身のウェブサイトで公開したという事件である。

そのウェブサイトで公開された担当者の音声は、お客様を悪意のクレーマーと捉え、「お宅さんみたいなのはね、お客さんじゃないんですよ、もう。クレーマーちゅうのお宅さんはね。クレーマーちゅうの、もう」というものだった（いまでも、某動画サイトなどで音声は残っている。企業のクレーム担当者は、後学のために聞いてみてほしい）。この音声がメディアに取り上げられ、東芝のお客様対応に疑問を持ったユーザーの不買運動に発展し、一時期東芝を窮地に追いやったという事件である。

ちなみに、このクレームをつけた人物は、事件から10年後に、自身の居住している市内の病院に、母親に対する治療クレームをつけたが聞き入れられず、施錠されていない医師の部屋からパソコンを盗んで、窃盗容疑で逮捕されている。また、その後、取引先の会社からデジタルカメラを盗んだことも明るみに出て起訴されている。

この事件には、グレーゾーンクレームに関する重大な示唆がいくつも含まれている。

まず「クレームの原因が、企業側にある」ことだ。異常クレームと違うのがこの点だ。企業側に落ち度や非がない場合は、判断がしやすいのだが、些細であれ原因があるとすると、解決策をいろいろと提示をすることになる。その解決策にいつまでも納得をせず、過剰・過大な要求へと発展していき、拒絶のタイミングが見極めにくくなることが特徴だ。

次に、「クレームをつけることができるものであれば、何にでも噛みつく」という点が挙げられる。最初はビデオテープレコーダーの故障・修理が原因だった。しかし、その後の対応方法や態度について、どんどんとクレームをつけていく。

「修理の仕方が気に入らない」とか、「手間がかかりすぎて、煩わしい」とか、「担当者の口の利き方がなっていない」と細かな部分を見つけ出し、わざとクレームをこじらせる方向にもっていくのが特徴だ。

そして、こじれていったところで、決裁権限のある上司に対応を代わり、また細かなクレームをつけていき、一般のお客様とは異なる特別な対応を求める。最後には、消費者センターやネットで流すなどの企業イメージを損ねることを行うという脅迫めいた発言に至るのも、このタイプのクレームの特徴と言える。自分に有利な条件を引き出すためには、何でも利用するということだ。

さらに「違法行為の自覚がない」という特徴がある。悪意のクレームと違うのがこの点だ。再三にわたる過剰な修理の要望(強要罪の可能性)や、ネット上で公開する(名誉棄損の可能能性）といった行為は、正当な要求であり、世直しであるという認識まであったのではないかと思われる。そこに、自分が違法行為を犯しているかもしれないという懸念はない。意識がないがゆえに、過剰行動に拍車がかかるのだが、企業側に対応する体制が整っていないと、その過剰行動の影響をモロに受けてしまうことになる。結果、過剰・過大要求を受け入れざる得なくなってしまう。

話を戻すと、東芝はお客様の要求を拒絶することに決めた。しかし、その方法がまずかった。通常のお客様対応ではなく、総会屋対策のために設置された渉外管理室に委任してしまったのだ。そのため、警察・検察ＯＢが多く所属する同室では、けん制のために強硬な態度で臨んだのだが、一般のお客様に使うべきではない言葉を使ってしまった。その音声を録音されて、ホームページ上で公開されたことで、詳細を知らない一般ユーザーは東芝のお客様対応に信用がおけなくなったということであろう。

前述したように、その男性は、10年後に窃盗という刑事事件を起こしている。「もともと、犯罪者的要素を持っていた。だから過剰・過大なクレームを言ってもなにも感じない人だった」と断じるつもりはない。なぜ10年後なのか、そこには、グレーゾーンクレーマーを育ててしまった、社会的背景がある。

グレーゾーンクレーマーを育てた社会的風潮

「お客様は神様ではありません」——このフレーズこそ、グレーゾーンクレーマーに声を大にして言いたい。

ちょっとした不手際があった、不適切な言葉を使ってしまった、そんな些細な理由から、鬼の首を取ったかのように対応者を叱責し、過剰・過大な要求をするクレームが、グレーゾーンである。悪意のクレームと異なるところは、犯罪意識の有無にある。要求内容や態度が法に触れている自覚がない、誠に厄介なクレームだが近年赤丸急上昇で増えているクレームだ。

その原因は「お客様の神格化」にあると考える。「お客様は神様です」というフレーズを聞いたことがあるだろう。これは、故三波春夫氏が舞台で言ったフレーズだ。しかし、そのフレーズが独り歩きし、商店や飲食店、営業先のクライアントまで、神様として扱うような風潮になってしまっているのだ。三波氏本人は、本来の意図と違う意味で使われたりすることが多く困っていると、生前言っていたようである。本来の意味は「三波春夫オフィシャルサイト」を参照してほしい。

本題に戻ろう。繰り返すが、あえて声を大きくして「お客様は神様ではありません」と言いたい。十人十色、千差万別というように、人それぞれの感じ方・考え方は個々人によって違うことは当然だ。その違いを話し合うのではなく、自分が絶対神よろしく、過剰・過大な要求を突き付けてくるお客様は、もはやお客様にあらずと考えて対応していく必要がある。

しかし、元々このようなクレームをつけてくる人だったのだろうか。それは違う。そこには、お客様に反論せず、お客様の要求していることに応えてこそ、企業の発展があるという考え方と、クレームに対して波風立てずに穏便に済ませよう、という姿勢がこのタイプのクレーマーを育てた原因だといえる。

最初の要求は小さな、ちょっと得する程度のものだった。いろいろな企業にクレームをつけることによって、要求が徐々にエスカレートしてきたと考えられる。東芝クレーマー事件のユーザーは、そのような状況に加えて、さらに攻撃性のある性格が内在していた可能性がある。自分の主張を通すためにあの手この手を使う。些細な不手際を攻め、企業イメージダウンなどを示唆してくる。しかし、あるとき、主張が通らない、社会的イメージダウンも交渉材料にならなくなった。そうなったとき、反社会的性質が顔を出してくる。見方を変えるとそれは、社会の流れに育てられた被害者といえるのかも知れない。

「お客様は神様です」がはびこった訳

「お客様は神様」になってしまったのは、いつ頃からだろうか。フレーズの発端は故三波春夫氏だったが、企業がこのフレーズを社是よろしく、声高に言い始めたのだ。そのうえで、どうしても競合他社との競争を強いられる。他社との差別化を図り、メリットを提示していかないと、お客様から選ばれず売れなくなってしまう。お客様の望むことを叶えていけば、選ばれる存在になる。この競争の結果が、お客様のためなら何でもやる、「お客様」が「神様」という扱いになってしまったのだ。

しかし、お客様の要望をすべて叶えることが可能かどうか、考えて頂きたい。商品やサービスには相応の対価がある。商品であれば原価があるし、サービスであれば人件費など経費がかかっている。公的機関であっても、人件費や施設の維持費など、目に見えない経費がかかっている。そのかかっている経費以上の要求を本来であれば受けてはならない。赤字になって倒産するからだ。その一方でお客様と揉めたくないのも事実。揉めている状態が他のお客様に知れると、イメージダウンになってしまう。また、対応に時間をとられると、それはそれでコストがかかる。

長引くと逆に利益を圧迫するという脅迫観念が、お客様の過剰な要求を受けてしまう土壌になっている組織は多い。こうして過剰な要求が通ってきた経験をもつクレーマーが、次々とターゲットを変えて渡り歩く由々しき事態になっている。そして、渡り歩くグレーゾーンクレーマーには、経験が蓄積され交渉技術(ごり押しの方法?)が成長して、手に負えない状態で、世にはびこっているのだ。これらのことが常軌を逸したクレームに発展している。その典型ともいえる例が、コンビニでの接客態度にクレームをつけ、たばこワンカートンをせしめたうえに、土下座を強要するなどの巷を騒がす事件となってしまっているのだ。

グレーゾーンクレームは他クレームの要素を併せ持つ

クレームの種類の中で、一番対応に苦労するのがこれらグレーゾーンクレームだ。なぜなら、入り口は通常クレームと同じで企業の瑕疵(かし)や不手際から始まるため、判断がつけにくいのだ。また、執拗に粘ったり、対応するときの態度などの些細なことに難癖をつけクレームを長引かせるのは「自己執着型異常クレーム」の特徴だ。そして過剰・過大な要求事項は、ときに悪意のクレームと同じ片鱗をみせる。それぞれの特徴が重なり合っているのがグレーゾーンクレームであり、通常クレームと重なり合っている部分があるため、対応に遅れが出てしまうのが、厄介なクレームである所以(ゆえん)だ。

もちろん、最初は商品が壊れていて本当に困っていたかもしれない、サービスに不手際があって残念に思っていたかもしれない。しかし、その背景を傘に、怒りという手段を用いた過剰・過大な要求を呑まなければならないのだろうか。いや、断じて違う。

「納得できない」はあくまでも感情の問題だ。判断するお客様の価値観にその原因がある。その感情を理解しようと話を誠実に聞くことはできる。しかし、最大の譲歩(例えば、販売業でいうと、交換対応、返品対応など契約自体を元に戻す)以上の要求には、断固として「NO」と言わなければならない。「YES」と言ったが最後、そのクレーマーは他でも同じようなことをするだろう。

以下に、実際にあったグレーゾーンのクレームの例を挙げる。要求には対応ができないのだが、なんらかの不手際があった分、要求が過激になっている。

■インターネットサービスプロバイダーの例

インターネット回線を提供しているコールセンターにお客様から電話があった。

お客様「お宅の回線、いつも昼時になると通信速度が遅くなるんだけど。先日も、重要な株取引の際に通信が途切れてしまって、損失が出たんだよね、９万円。これ、どうしてくれるの？　補償してくれる」

インターネット回線のセンターでは、よくあるクレームだ。そもそも、通信回線はベストエフォート（性能に関して明示的な保証をせずに、最大限の努力をしてサービスを提供するという形態）なので、他者の使用状況によっては速度が遅くなってしまう。契約時には明示をしているが、それでも速度に対して最速を求める人はいまだに多い。回線の特性を根気よく説明するしかないのだが、速度が遅いのは企業のサービス怠慢や落ち度と考えている傾向があり、本人は正当な要求をしていると思い込んでいる。

■資格試験運営企業のサポートセンターで

ある、英語能力検定の資格試験を実施している企業のサポートセンターに、１本の電話があった。

お客様「先日の試験の結果について、要求があるのですが」

応対者「はい、どのようなことでしょうか」

お客様「私は開始時間の30分前に会場に着いていました。自分の席を探して、座ろうとしたところ、会場整理の方が〝確認します、少々お待ちください〟と言って、その場で15分も待たされたんです。なんの確認をしていたのかは知りませんが。結局、私が座ろうとしていたところが、私の席だったので、何もなければそのまま座れていたはずです。試験前の貴重な時間を潰されたし、トイレにも行きたかったのですが、行けず仕舞いで、試験は集中力を欠いてしまいました。トイレに行っていれば、後15点は点数が取れたはずです（試験後の点数で成績を決めるタイプの資格試験）。取っていたはずであろう、15点をいまの点数に上乗せしてください」

終了した資格試験に点数を上乗せすることなどできるはずもなく、試験そのものをなかったことにして返金することを提示した。しかし、それでもお客様は納得せず、「ふざけるな、俺の人生をなんだと思っているんだ。15点あるかないかでは、会社への印象が違うんだぞ。出世に響いたらその分を補償させてやるからな」と、取りつく島もないという状況だった。

■スーパーの店頭にて

ビールを買って帰ったお客様からのクレーム。商品棚に書いてあった金額と、レシートに書かれている金額が違うとの指摘があった。商品棚の金額は２１５円、レシートには２３５円だった。商品棚の価格表記が間違っていたのだ。お客様には、間違っていた旨をお詫びして、差額20円を返金し、商品棚の価格は正しい金額に直した。しかし、「悪徳商法をしているな。世間にきちんと謝れ！　間違っていた旨の告知と、新聞に謝罪の社告を出せ！」と要求された。

どれも微妙なケースだ。通常であればお詫びし、対処することで終了になるだろう。しかし、グレーゾーンでは、対応しても、その対応では納得せず、過剰・過大な要求に発展していく。結論から言うと、丁寧にお断りをしてそのクレームと決別するしかないのだ。では、「丁寧にお断りする」にはどうしたらよいのか、次の章で詳しくみていこう。

第八章

異常・悪意・グレーと闘う

少し前になるのだが、Ｗｉｎｄｏｗｓ８からＷｉｎｄｏｗｓ10に無償アップグレードが提供されていた頃、あるＰＣのサポートセンターに頻発するクレームがあった。

「勝手にＷｉｎｄｏｗｓ10にアップグレードされそうになったので、途中で電源を落としたら、それから起動しなくなった。なんとかしろ！」というクレームだ。多分、勝手にアップグレードではなく、画面をよく見ずにスタートボタンを押したと思われる。そして、一度アップグレードが始まると、プログラムの構成をし直すので、電源が切れると起動しなくなるのは当然だ。もちろん、画面には「電源を切らないでください」という警告文も出ているはずだ。

お客様「電源を切っちゃダメって書いてあったけど、いつ終わるかわかんないじゃないか、そんなの待つほど暇じゃないんだよ！」

応対者「申し訳ございません。アップグレードの作業中に電源が切れると、いわゆる故障の状態になります」

お客様「こんなことぐらいで故障するなんて、不良品を売りつけたのか！」

目が点になるとはこのことだろうか。同時期に、あまりに多い問い合わせらしく、いろいろなサポートセンターの担当者の話を笑うに笑えず、微妙な反応しかできなかった。警告文が出ているのに、なぜ電源を切ってしまったのか謎だ。しかし、電源を切ったのはお客様であるし、故障の原因はお客様にある。もちろん、修理への誘導などの対応は必要だが、企業側の責任は微塵もない。無償修理を要求されたとしても、分かりやすく、拒否もしやすい。

しかし、今日のクレームは一筋縄ではいかないものが多く存在する。少し内容を聞いただけでは通常クレームなのか、異常クレームなのか、すぐには判断できないケースも増えてきている。だからといって、困難だからと安易に要求を呑んでいたのでは、企業、組織はクレーマーの食い物にされてしまう。理不尽で不当なクレームに、いまこそ「ＮＯ」を突きつけるのだ。

そのために必要なものは、第三章で解説した「顧客定義」「基本方針」「行動指針」だが、これらを基本に対応するにも、クレームの判断基準を明らかにしておく必要がある。通常クレーム以外の対応に遅れが生じるのは、目の前のクレームが通常クレームなのか、それ以外のクレームなのか判断がつかないからだ。

異常・悪意・グレーゾーンクレームの判断基準

基本的には、要求内容と要求態度で判断すればよいだろう。１００円均一で購入した商品が壊れていたことを、騙したなとばかり、1万円の慰謝料を求めるなどは著しく社会通念に反する。また、大声を出すなどの威嚇行為をしながらの要求も受け入れる必要はない。もちろん、内容と態度が基準値を逸脱する、複合タイプも存在する。以下に、判断基準を参考までに提示する。

【要求内容】

・欠陥があった商品の代金より、高額な賠償を要求する
・従業員の解雇を要求
・理不尽な理由による謝罪広告、世間に対して告知を要求。または文書を寄こせと要求
・謝罪として土下座を要求
・自社製品以外の補償を要求
・不当な返品を要求（返品期間を過ぎている、消耗品を使用後返品など）

・実現不可能な要求（法律を変える、電車内で子どもを泣き止ませるなど）

【要求態度】

・長時間拘束……膠着状態になってから一定時間が経過するもの
・一度で終了せず、同じクレームを時間・日を替えて行う
・侮蔑的発言がある
・人格否定の発言がある。「だからお前はダメなんだよ」など
・大声での威嚇行為
・暴力行為がある
・危害を加えることを予告するような、威嚇・脅迫行為がある
・誹謗中傷、名誉棄損行為がある。ネット上に中傷文を掲載、プライバシー情報を掲載など
・ネットに流す、マスコミに言うなどクチコミを流すことを示唆
・店舗・事務所に居座ってのクレーム行為
・企業・組織や個人の責任を追及
・「誠意を見せろ」を繰り返し、具体的な要求をしてこない
・要求内容がはっきりせず、同じ話を何度も繰り返す

これらを参考に、是非詳細を決めていってほしい。業種・業態によって詳細は異なるだろう。例えば長時間拘束の一定時間をどのように考えるかは重要だ。膠着状態になってから、かなりの時間を割いているコールセンターは意外に多い。たまに武勇伝として、何時間話をしたという猛者もいたりする。だが、誠意を示した対応の後、数時間同じ話をされても付き合いきれない。20～30分と時間を決めて『グレーゾーン』である、などの判断を下して個人の対応から組織対応に移行するようにしたい。

ただし、1つの項目に該当したからといって、早急にクレーマーと決めつけないこと。通常クレームでも、声を荒げたり感情が高ぶってしまい少し暴言的になってしまうことはある。ゆえに、決めた基準はチェックリストなどにして、現場で共有しておこう。そして、項目に該当したのであればチェックしていき、その数の多さで判断をする。例えば、5項目該当でチーム内上司を含めて相談、10項目該当したら組織対応・法的対応に切り替えるなど。そのため、基準項目は20～30項目は検討しておいてほしい。

なお、参考までにチェックリストを章末に添付する。名付けて「クレーマーを判断するチェックリスト　10の要求内容と21の要求態度」。テンプレートをダウンロードできるようにしたので、項目を参考にして、各企業で使える判断リストにしてほしい（ダウンロード先

は表下部に表記)。

他にも、

- 不合理な問い合わせ2回目でイエローランプ、3回目に同一用件の場合はグレーと判断する
- 「バカ野郎」「死ね」「殺すぞ」や「チビ」「ブス」など外見の侮辱があった場合
- 身体への攻撃。物を振り回す、ドアを強く閉める、机を叩くなどは、暴力行為と判断するなどが挙げられるだろう。

具体的なケースは各企業が経験を基にしながら決めてほしい。また、基準に関しては、一度決めたからといって完成ではない。日々クレーマーも成長している。必ず基準から外れるクレーマーに出会うときがくるだろう。そのときの経験を、基準に取り込めるような体制を作っていくことが重要だ。

異常・悪意・グレーゾーンへの対応

通常クレームではないと判断できたなら、半分は解決したと思ってよい。判断したら、それはすでに顧客対応ではなく、クレーマー対応なのだ。顧客対応をCS(顧客満足)モード

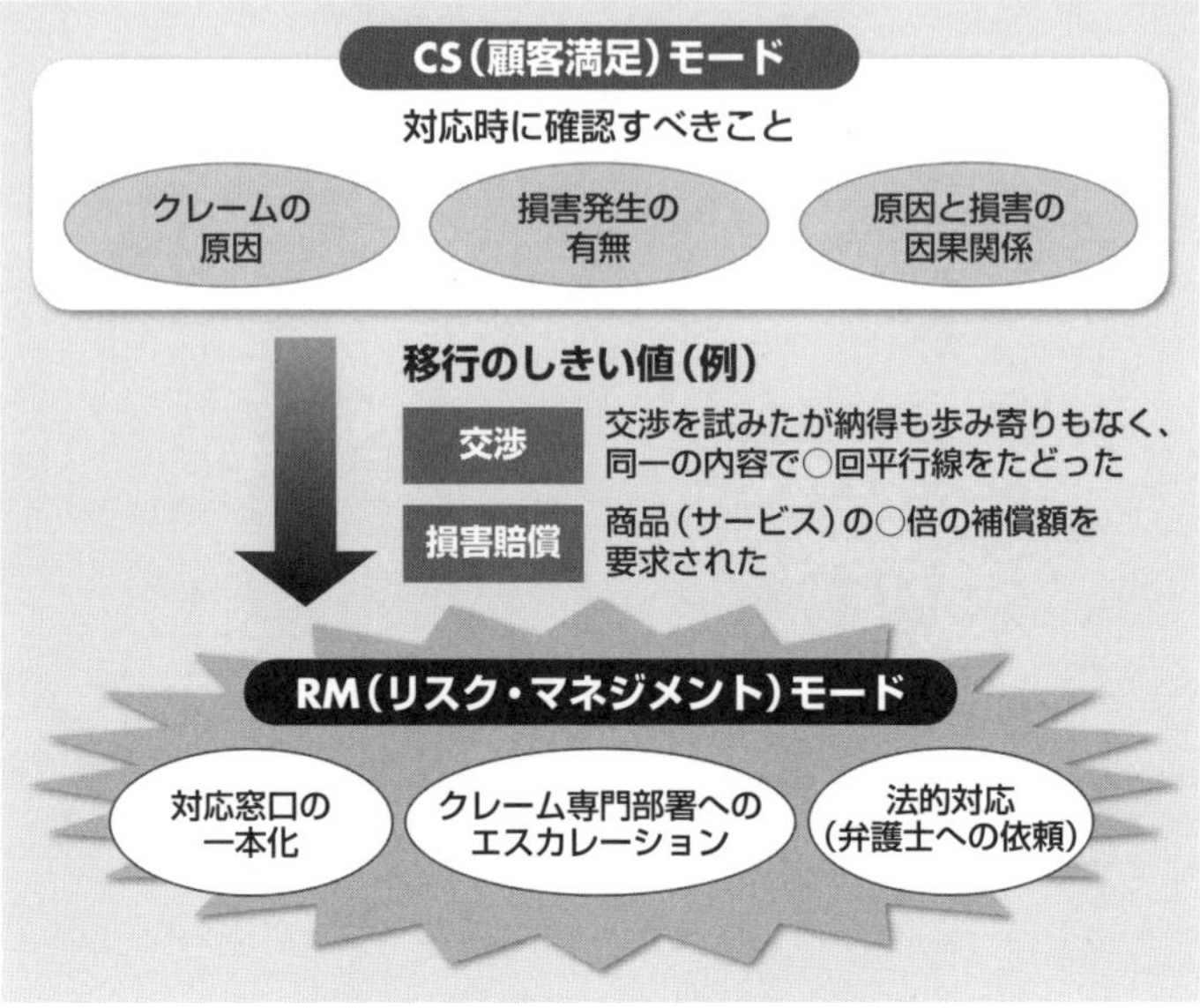

図7　RMモードへの移行基準

とすれば、クレーマー対応はＲＭ（リスク・マネジメント）モードと考えることができる。**図7**はモード切替のイメージだ。モードを切り替えて対応しよう。その対応を一言でいうならば、「丁寧にお断りする」ということだ。この「丁寧に」がポイントになる。ここで雑に断ってしまうと、クレーマーに突っ込みどころを与えてしまう。東芝クレーマー事件のように、ネット上で公開するという輩もいるかもしれない。以前と違い、いまはＳＮＳやブログなどで、個人が情報を公開することが容易にできる。もちろん、クレームの内容を公開されても問題はないのだが、対応が雑だと社会的イメージが悪くなる。別の火種に発展させないためにも、「丁寧にお断りする」

ことを意識してほしい。

組織での仕組みづくり

クレーマーと闘うために「行動指針」を具体的に決めていこう。

まずは、記録を取ってほしい。通常であろうが、異常であろうが、クレームはすべて記録に残し、現場で共有できるようにする。コールセンターであれば、通話録音がシステムとして導入されていることが多いだろう。しかし、一般窓口の場合は、そのような設備はない。その場でどうしても残せない場合は、対応が終わった後で必ず記録を残すようにしてほしい。ポイントだけメモを取り、終わってから記録用紙に再構成すればよいだろう。

また、ICレコーダーでの記録もよいだろう。録音するとお客様を不愉快にさせてしまう可能性があるが、通常クレーム以外と判断したのであれば遠慮せずに録音しよう。その際、隠れて録音をすると、「盗聴したな」と突っ込みどころを与えてしまう。きっぱりと「しっかりと対応させて頂くために、録音させて頂きます」と言い切ることが重要だ。「録音をするな」と言われたら、対応を打ち切ってもよい。「それでは対応致しかねますので、お引き取りください」と。臆することはなく、丁寧に拒絶をしていくのだ。

ケース別クレーム対応方法

クレーム対応で困っている現場からは、どのように話をするのか、具体的なフレーズが思い浮かばないという相談が多い。また、お断りの言葉というのは、どうしてもきつくなってしまうので、本当にお客様に言ってしまってよいのかという躊躇もあるようだ。であれば、最初から決めておけばよい。ここからは、様々なケースに対応する言葉や話し方をみていく。

「誠意を示せ」と言われたら

「誠意を示せ、誠意を」と具体的な要求をせず、こちらの提案を引き出そうとするクレームの場合だ。

「このようにお客様の話をお伺いして、きちんとお詫びを申し上げるのが、私どもの誠意でございます」と伝える。ここでは、誠意＝お詫びをすること、として対応すればよい。

しかし、これで引き下がらないクレーマーもいる。「お前の詫びなどいらん、別の誠意を示せ」と言ってくる相手もいるだろう。その場合は、「申し訳ございませんが、私どもが考える誠意とは、このように真摯にお詫び申し上げることでございます。」と伝えたうえで、「その他の誠意と言われましても、私にはどうしていいかわかりません。申し訳ございませんが、何をすればよいか、教えて頂けませんでしょうか」と言ってみよう。具体的に要求内容を言ってもらうという状態に持ち込むわけだ。

ここで、具体的な金品要求をしてきたのであれば、違法行為だ、取り合う必要はない。具体的な要求なく、再び「誠意はそっちで考えろ」と言われることが続くのであれば膠着状態だ。「申し訳ございませんが、これ以上の対応は致しかねます。お引き取り頂いてもよろしいでしょうか」と退去を促したり、「お電話を切らせて頂きます」と切電してしまおう。

「上司を出せ！」と言われたら

「お前では話にならない、上司を出せ！」。クレーム対応をしていたら、一度は必ず言われることがあるだろう。通常クレームがこじれ始めると出てくる言葉だ。逆に、悪意のクレーマーは上司を出せと要求することはない。経験値の豊富な上司に代わられると、交渉が難航するリスクがあるからだ。犯罪意識があるからこそ、目の前の担当者に精神的プレッシャーを与えて、目指す条件を引き出そうとする。しかし、異常クレームや、グレーゾーンになると、自分は正しいと思っているので、どんどんと上司にエスカレーションしていくことになる。

上司を出せと言われたら、いくつかの対応方法が考えられるだろう。避けたいのは「上司に代わりましても、対応は同じでございます」という返答だ。これは、単に火に油を注ぐだけの結果になる。考えてみてほしい。この返答を伝えて、わかったよと引き下がってくれるお客様はどれくらいいるか。多分、100人に伝えて、1人いればよいほうだろう。むしろ、「いいから代われ」とイライラ感が増すことになる。いら立ちが増した状態で代わるよりは、すんなりと代わった方が対応は楽になる。

「上司対応を要求する」――その動機が判断の分かれ目だ。目の前の担当者の対応態度が悪く、こじれたために上司対応を要求しているのであれば、代わった方がいい。しかし、さらに上、さらに上と、果てしなく要求してくる場合がある。これは異常クレームやグレーゾーンの危険信号だ。「社長を出せ！」と言われたら、「この件の責任者は私でございます。私以外では、このお話が進みませんので、私とお話しくださいますよう、お願い致します」と、これ以上の上司対応はない、ということをきっぱりと伝えよう。それでもしつこく「社長を出せ！」と言われたら、「申し訳ございませんが、これ以上の対応は致しかねます」とお断りすればＯＫだ。

先日、ある企業の責任者の方とお話をしていたら、面白いことを一次担当者に言わせていた。お断りするしかないというのが前提条件だが、「上司に代わるのはやぶさかではありませんが、上司の方が面倒くさいですよ」と。そりゃそうだ。経験豊富な上司の方が、巧みにお断りの言葉を知っている。思わず笑ってしまった。

「お前じゃ話にならない」と言われたら

上司に代われの類型だ。話にならないと感じているのは、こちらも同様かもしれない。恐れずに「私に話して頂かないと、お客様のご要望をお伺いすることもできないのですが、よろしいですか？」「お話をお伺いできませんと、恐縮ですが、この先の対応ができなくなってしまいます」と回答しよう。

「ネットで流す」「マスコミに流す」と言われたら

「大変だ、企業イメージが損なわれる。なんとか穏便に済ませなければ……」という思いが頭をよぎるだろうか。それこそが、クレーマーの思うつぼだ。逆に問いたい。ネットで流されると困るような対応をしているのか、マスコミに流されると企業イメージが損なわれるような対応をしているのか、ということだ。

企業として誠意をもって相応の対応を、丁寧に行っていれば恐れる必要はない。本当に実行されることはほとんどないので、あまりビクビクする必要もない。「それは、困りましたねぇ。しかし、お客様の自由意志でございますので……」と返答しよう。この手のクレーマーは、通常クレームではないので、同時に録音をしておくことも必要だ。それでもしつこく繰り返すのであれば、「どうぞ、お客様のお好きになさって頂ければと存じます」と言い、「私どももすべて録音しておりますので、マスコミに音声データを渡させて頂きます」と伝えるのだ。

似たような言葉で、「訴えてやる」「消費者センターに行くからな」「保健所に駆け込むぞ」というものがある。これもほとんど実行されることがないが、本当に行って頂けるのなら、ありがたいことだ。第三者の目で公正に判断してもらうことができるからだ。適正に営業活動を行っていれば、何も恐れることはない。「我々のほうからも、保健所に申し出て行政の指導を依頼しております」というような、先手先手の対応ができると、今後、同様のクレームは一層減少することだろう。

「家まで謝罪しに来い」と言われたら

訪問する必要性はあるのだろうか、それが判断の基準だ。

「現時点で、お伺いすることはできかねます」と回答し、お客様の情報収集を行おう。お客様の素性や周辺情報の把握をし、基本は伺うことなく、丁寧にお断りをすればよい。

「一筆書け！」「詫び状を入れろ」と言われたら

これも、よく言われる一言だ。一筆を書かなければいけない法的義務はない。だが、まず一筆出せというお客様の心理状況を考えてみよう。いろいろ考えられるのではないだろうか。

- 書面を悪用するつもり
- 被害者意識で、ひどい目にあわされたと思っているので、証拠として残しておきたい
- 相手をやり込めたい、世直しの記念（自己執着型異常クレーマーに多い）

などが考えられるだろうか。書面にするとは、書いた内容を認めて謝罪したということを残すことになる。裁判のときに書証となったりする。逆に考えると、謝罪内容を明らかにし、範囲を限定して書くことによって、共通認識をとることができる。基本、文書発行はせず、「現時点で、書くことはできかねます」と回答し、何度も求められる場合は、脅迫・強要にあた

るとして、専門部署や弁護士に相談することをお勧めする。逆に書いてしまった方が謝罪内容が限定されて都合がよい場合がある。ただ、文書の書き方に注意が必要なので、こちらも専門家に確認することをお勧めしたい。

「弁償しろ！」と言われたら

こちらに非があるかどうかが明らかになっていない段階で、弁償について明言することは避けたい。一次対応として「当社に責任があることが明らかになった段階で、しかるべき対応をさせて頂きたいと思っております。まずは、お話をお伺いできませんでしょうか」と答えよう。

「これから行くから、待ってろ」と言われたら

コールセンターや、電話でのクレームでよく言われる言葉だ。こちらに非があるかどうかが判断できない段階で、面会に応じる必要はない。まずは「突然お越し頂いても、対応することができません。まずはお話をお伺いできませんでしょうか」と要求内容などを、確認してから、必要なときは来てもらってもよいだろう。ただ、無理やり訪問してきた場合は、「建

造物侵入罪」などが適用になる場合があるので専門家に相談してほしい。

実際にあった事例にみるクレーム対応

さて、ここからは実際にあったクレームに、各企業がどのように対応をしたのか、その実例をみていきたい。参考にして頂きたいのは、第三者からみて、説得力のある説明ができているかどうかだ。もちろん、クレームを言ってきたお客様が納得するのがベストだ。しかし、交渉決裂という状態になる場合、第三者がみて問題がなかったかどうかが重要なポイントになる。もし、仮にマスコミに流れようが、消費者センターに訴え出られようが、問題のない営業活動を行っていれば大丈夫だ。それを説明できるように、担当者全員が同じように答えられるようにしておきたい。

●靴ずれができた！

靴メーカーでのお客様。靴を履いていて靴ずれができた、何とかしろとクレームが入る。最初の時点で声を荒げる怒りモードで、なんとかして履けるようにしろとの要求だった。

検品の結果、靴自体に不良はなく、お客様と靴の相性の問題だと考えられる。その旨を伝えたところ、「泣き寝入りしろというのか」とお怒りになった。せっかく購入した商品が足に合わなかったという、残念な気持ちを理解しようと努め相応に対応したが、あくまでも「履けるようにしろ」と要求するお客様だった。

「靴は基本、多くの方の足に合うように、膨大な統計データを基に設計されております。しかし、足の大きさ形は、サイズ違いや甲が高いなど大きな個人差がございます。足にあった靴をお選び頂けますようお願い致します。足に合った靴を用意するということは、オーダーメイドサービスでございます。費用も代わってまいりますし、当社ではオーダーメイドは承っておりませんので、ご了承頂きますようお願い申し上げます」と最終的には、要求を受け入れず、お断りをする結果になった。

これは、靴という商品の特性を理解しているかどうかがポイントだ。衣服と同じで、体にぴったり合った物を用意するには、寸法を測って合わせたものを作るしかないのだ。大量生産商品の場合は試着して、探すしかない。

●座席指定料金を返金しろ

ＬＣＣ（格安航空）でのクレーム。札幌〜成田間、12時50分発予定が機材遅れで、20時30分の出発になるとのこと。7時間40分遅れ、正社員の勤務時間レベルだった。他の便に振り替えることができたのだが、元々便が少ないので16時25分なった。ここまでが前提だ。このお客様は、元々予定されていた飛行機でオプション料金を支払って、座席指定をしていた。しかし、振替便には、既に座席に余裕がなく、お客様の希望する座席がなかったのだ。

「希望する座席に座れないのだから、返金してほしい」

「申し訳ございません。規定でご返金対応は致しておりません」

「いや、わざわざお金を支払って座席指定をしたんだよね。で、使用機が到着しないのは、天候などで仕方がないとしても、ＬＣＣさんのせいだよね。座席指定の権利が行使できないのに、返金できないってのは意味がわからないんだけど」

「いえ、申し訳ございませんが、規定に同意して頂いておりますので……」

「（カチン）。どの規定のなんて部分？」

「……」

「規定規定っていうけど、なんでそんな規定を作ってるの、理由は？」

結局この後、先輩スタッフが対応し、プレミアムシートに空きがあったので、そのシートの提案があり、お客様は引き下がった。

これは、組織対応が決まっていない、脆弱なケースだ。お客様のクレームに対して、「規約で決まっている」としか答えられておらず、説明がしきれていない。お客様に、座席指定料金については諦めろと言っているのと同義である。結果的にプレミアムシートに案内することで対応をしたが、空いていなかったらどうなっただろうか。規定で決まっている、これについては理解したとしても、どうしてその理不尽な規定になっているのか、サービスの設計に不満を持つお客様に納得させるだけの説明ができていない。こういったクレームが入ったときに、どうやって解決したか、その解決方法でよかったのか、どんな説明をしていたらよかったのかを後で共有をして、今後のサービス向上につなげてほしいと思ったケースだ。

●スーパーマーケットで三輪車の乗り入れ

あるスーパーマーケットで、3歳くらいの子どもが三輪車を店内に乗り入れて遊んでいた。保護者らしき母親に「申し訳ございませんが、三輪車は外に置いて頂けませんでしょうか」と依頼したところ、「あなた、私が以前自転車を盗まれたの知らないの。この三輪車を外に置いて盗まれたらあなたが責任取ってくれるの？」

「他のお客様の迷惑になりますので……」

「迷惑？　私が迷惑だっていうの。私がどれだけここのお店を使って恩恵を与えているかわかっているの。それもわからずに、迷惑だというの？」

「いえいえ、そんなことは申し上げておりません。盗難予防のためのワイヤー錠なども売っておりますので、お買い上げ頂ければ……」

「なるほど、そうやって売りつけようって魂胆なのね、店長を呼びなさい。ここの店は○○が株を持ってたわね、あなたなんかクビを切りますからね」

異常クレームの典型だ。ここでどのような対応をするかで、今後が決まる。お客様の押しに負けて、三輪車などをサービスカウンターで預かるのか、それとも毅然と対応し、出入り禁止にするかだ。

「申し訳ございません。店内を自転車で通行されて、万一接触事故になったりしたら大変ですので申し上げている次第です。事故になった場合、店側の管理責任が問われますので、自転車等の乗り物の乗り入れは、固くお断りいたします。また、防犯につきましても、カメラなどの防止に努めておりますが、必ず防止できるとお約束できるものではありませんので、お客様ご自身での対策をお願いしております。三輪車を外に出してください」と伝えたうえで、退去を促そう。これでも三輪車に乗ったまま退去しないのであれば、不退去罪（刑法第130条）だ。責任者が対応しつつ、警察への相談を並行して行っておこう。

クレームは組織力で対応する

異常・悪意・グレーゾーンのクレームが頻繁に起こってしまう、そんな企業は現実にある。クレーマーに付け込まれるということは、「穏便に済ませる」「波風を立てない」ことの結果ではなかろうか。なにかしら、制度や構造上の欠陥があるから、付け込まれてしまうのだ。実際、ある損保会社の組織対応は、「上にあげない、何としても現場で解決する」ことが組織対応だという風潮があるそうだ。それは、組織対応とはいわない。クレームへの対応方法を定め、担当者全員が履行できるようになって、初めて組織対応といえるのだ。

クレーム対応のコンサルティングを行ったある会社では、クレームに対しての対応策をきちんと定めたことにより、クレーム対応にかけていた費用が半減したと、嬉しい報告があった。いまだからこそ、いろんな事例を参考にしながら、あなたの組織の対応をきっちりと決

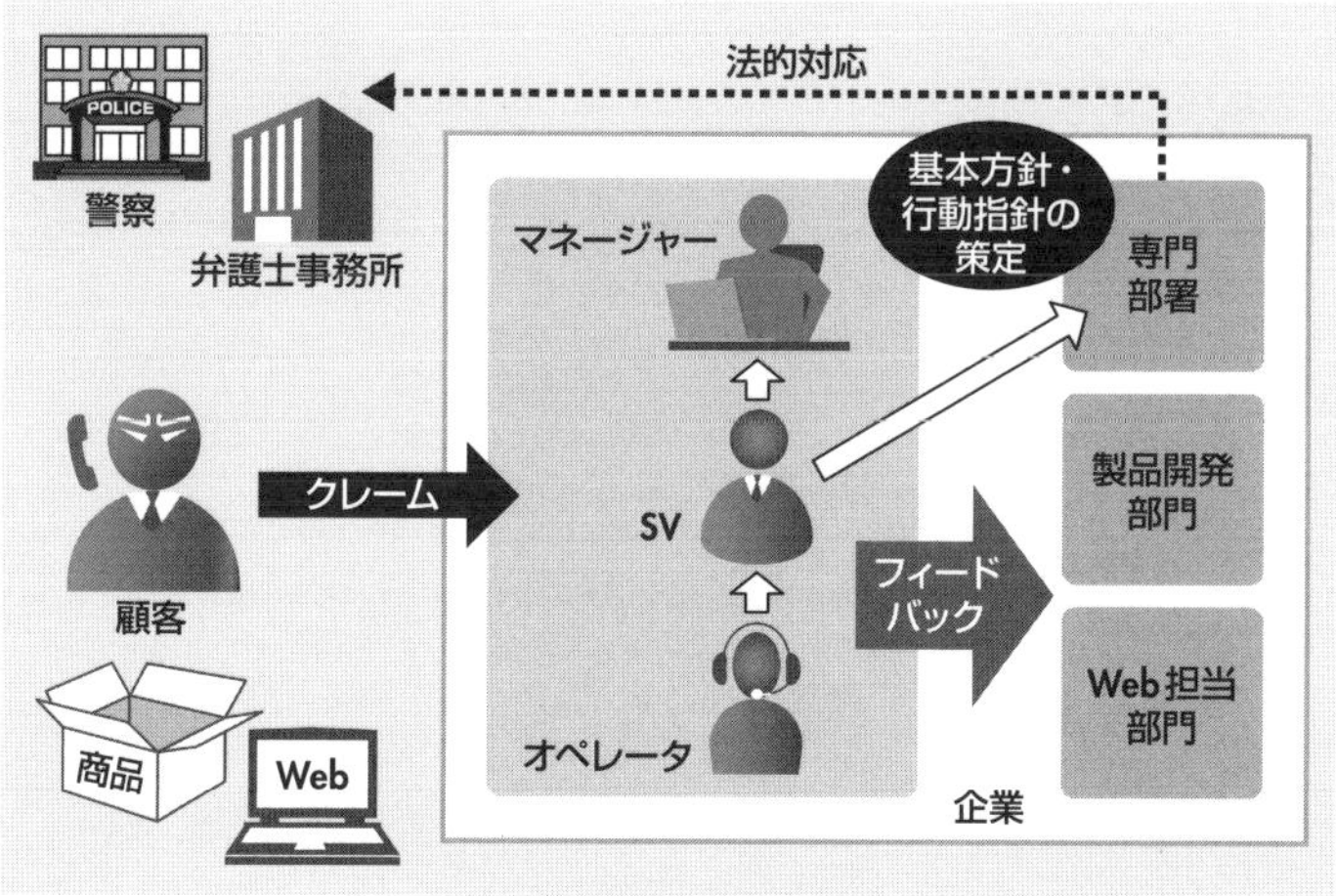

図8　組織対応のイメージ

めていってほしい。

図8に組織対応のイメージを示す。

この章の最後に、ある外資系保険会社のコールセンターのSVが言った、頼もしい言葉で締めたい。

「このラインを越えたらお客様でなくなる、というボーダーラインがある。そのラインに至るまでは、オペレータに精一杯努力をしてもらう。でも、それ以上やったら、オペレータが責められ続けて心に深い傷を負う。そうなったとき、オペレータという職に恐怖を感じるようになってしまう。それは絶対に避けなければいけない。だから、私たちは、このボーダーラインを越えてくるクレーマーがいたら、その瞬間からオペレータを守ることが義務になるのだ」

ここに、日本の侍を見た。

クレーマーを判断するチェックリスト 10の要求内容と21の要求態度

□	要求内容 1	欠陥があった商品の代金より、高額な賠償を要求する
□	要求内容 2	トラブルの間に得られたかもしれない利益を損害賠償として要求する
□	要求内容 3	精神的苦痛による「慰謝料」を要求
□	要求内容 4	従業員の解雇を要求する
□	要求内容 5	理不尽な理由による謝罪広告、世間に対しての告知を要求
□	要求内容 6	「文書をよこせ」「一筆を入れろ」との要求
□	要求内容 7	謝罪として土下座を強要する
□	要求内容 8	自社製品以外の補償を要求
□	要求内容 9	不当な返品を要求（返品期間超過・消耗品を使用後返品など）
□	要求内容 10	実現不可能な要求（法律を変える・電車内で子どもを泣き止ませるなど）

□	要求態度 1	「社長（役員）を出せ、責任者を呼べ、上のものを出せ」の繰り返し
□	要求態度 2	複数部署へのクレーム
□	要求態度 3	大声での威嚇行為
□	要求態度 4	店舗・事務所に居座ってのクレーム行為
□	要求態度 5	対応の悪さをいつまでも執拗に指摘。「社員教育」に言及する
□	要求態度 6	「暴力団に言う」「街宣させる」「大会で問題にする」などの発言

□	要求態度 7	「私は株主だ」「社長と知り合いだ」と優位な立場にあることを強調
□	要求態度 8	長時間拘束。膠着状態になってから一定時間が経過するもの。軟禁状態含む
□	要求態度 9	クレームの内容が次々に変わり、最初のクレームが忘れられている
□	要求態度 10	「ネットに流す」「マスコミに言う」などクチコミを示唆する
□	要求態度 11	「誠意を示せ」を繰り返し、具体的要求がない
□	要求態度 12	「以前にしてもらった」「知人がしてもらった」から同様にしろという要求
□	要求態度 13	いつであろうと「すぐ来い」「すぐやれ！」と即時を要求
□	要求態度 14	「バカ」「アホ」などの侮蔑的発言がある
□	要求態度 15	住所・氏名など個人特定されるものを拒否
□	要求態度 16	クレームの原因となった現品が存在しない。レシートなどの記録もない不確かな申告
□	要求態度 17	「言ってない」「聞いてない」など、言った言わないの繰り返し
□	要求態度 18	「社会的・道義的責任は？」と執拗な行動
□	要求態度 19	企業・組織や個人の責任を追及
□	要求態度 20	危害を加えるようなことを予告するような、脅迫行為がある
□	要求態度 21	要求内容がはっきりせず、何度も同じ話を繰り返す

例）これらに該当するものにチェックをして、気楽にチェックすること。5個以上になったら職場で話し合い対応を決める。10個以上は法的な対応を検討など。

＊この表は読者特典として、下記のアドレスからダウンロードができます。ご自由にアレンジして、ご活用ください。

http://www.ric.co.jp/ct-japan/claim/ 【ID：ric1142　パスワード：claim1142】

最終章

クレーム対応は人を成長させる

真摯な態度がお客様の心を動かす

「担当者の態度が悪い！　クビにしろ！」

まだ現場でお客様からの電話を取っていたときに、お客様から言われたことがある。大声で怒鳴られると「怖い」と委縮するオペレータが多いなか、私は「なんでこんな酷いことを言うのだろう？」と思いながら対応をしていたのを覚えている。他にも、「お前をクビにしてやる」とか、「今から行くからな！　クビを洗って待ってろ！」と暴言の数々にさらされてきた。

当時から少しひねくれていた私は「なんでお前にそこまで言われなあかんねん」と思って、反骨精神からお客様と闘っていたことがしばしばあった。しかし、まだまだ判断力が未熟だったので、通常クレームのお客様に不遜な態度をとったことにより、大クレームに発展してしまったことがある。

あるインターネット通販会社で働いていたときのことだ。18禁のビデオを18歳未満の高校生に販売してしまったことによる、お母様からの苦情だった。そのお母様に「まぁ、高校生の男の子なら正常な反応ですよ」と失言してしまい、大問題になったのだ。

あのときは、直属の上司からセンター長、クライアントの部長まで総動員でお客様対応をして頂き、お客様から許してもらったことがあった。内容としては企業側に非がある通常クレームだが、真摯に話を聞くことなく説き伏せることに躍起になっていたため、説明を聞き入れないお母様に業を煮やしての言葉だったのだ。もちろん、今では反省している。

私が、コールセンターで働きだした当初は20代の前半だった。まだまだ根拠のない自信を持っており、自分の価値観こそ絶対と思い込んでいた時期だ。そんな態度だから、お客様とトラブルになることも多かったのも事実。いつしか、このままではいけないと、やり方を変えてみた。クレームの原因を解決することより、「何故、この人はこんなに怒っているんだろう」という気持ちで話を聞いてみるようにしたのだ。すると、いろんな人がいろんな考え方をもっていることに気が付いてくる。まさに心情理解だ。

価値観の多様化が身に染みて実感できたのも、コールセンターのオペレータ時代だった。まだまだ新米のころは自分の応対でクレームになることも多かった。お客様は期待や信頼を裏切られたと感じただろうし、対応の基本ができていないと思われただろう。自分が大切にされていないと感じた人もいたと思う。ちょうど慣れからくる仕事に対してのゆるみなども、クレームを引き起こす原因だった。

しかし、お客様から指摘され、自分の応対を真摯に見つめ直したときに、お客様との会話のスキルは上達する。普通の会話よりも、クレームの会話の方がスキルの上達は早いと実感した。お客様の話を聞いて、怒りや憤りの理由を理解しようと努めることで、いつしか「そうだよ、それが言いたかったんだよ」とお客様から言われることが増えてきた。そのセリフを言ってもらえると、今度は、私の会話をしっかりと聞いてもらえるようになって、クレームは大きくこじれることなく終わることができるようになっていた。

前述したが、あるカード会社で三次対応の業務に従事していたことがある。一次対応でこじれて、二次対応者に代わったが、それでも解決せず、挙句に巡ってくるポジションである。ゆえに、私のところにつながるときには、こじれにこじれて、こじれまくっている状態と思って頂ければいいだろう。私が対応をしくじると、その先には、消費者センターや、もしくは裁判対応と、正に背水の陣と言える部署だった。

ここで、少し自慢話になるのだが、私はその部署において、1件たりとも消費者センター、若しくは裁判対応になることなく、すべてのお客様に納得をしてもらうことができるようになるまで成長していた。

結局、クレーム対応は、究極のコミュニケーションなのではないだろうか。お客様のことを思いやり、逃げずに正面から一所懸命に問題を解決しようとする、その姿勢がお客様の怒りの気持ちをやわらげ、お互いに分かり合うことができるのではないだろうか。

異常クレーム対応から、人生の姿勢を学ぶ

しかし、時代が変化していくと、お客様の気持ちがまったく分からないという状況が増えてきた。自分の要求だけを声高に上げて、都合の悪い説明は聞き入れようとしない、そんなクレームが増えてきたのだ。一時期落ち込んだ時期もある。分からないということは、もっとお客様の気持ちを理解するための、経験や慮る努力が足りないのではないかと。

でも、あるとき、1人のお客様からこんなことを言われた。

「いやぁ、対応してくれたのが藤木さんで良かったよ。最近、めちゃくちゃな要求してくるクレーマーの人って多いでしょ。実際、うちの会社もいるんだけど。そいつらと同じように思われるんじゃないかって、問い合わせる前、ちょっと心配だったんだよね。でも、藤木さんはちゃんと話を聞いてくれたし感謝してます。ありがとう」と。目の前の霧が晴れたよ

うな、そんな気分だった。分かり合えるお客様とは分かり合えるんだと。

この分かり合えるお客様と、めちゃくちゃなクレームを言ってくる人とを同列に扱ってよいのだろうか。答えは「ＮＯ」である。このままでは、他の優良なお客様と不公平になる。なにより、声が大きい人を優遇してしまうと逆差別になってしまうと感じたのだ。そこから、異常クレーマーたちの要求する内容を細かく研究し出した。論理的な矛盾がみつかることもあれば、威圧的な態度で攻めてくるクレーマーもいた。

その交渉手段を研究し、論理の矛盾を突きながら、言うべきことは言うという態度をとるようになった（嫌われるかもしれない、というプレッシャーは常につきまとっていたのだが）。そうすることで、いままであの手この手で長時間にわたっていたクレームが、企業姿勢を明確に言い切ることで、短時間で終わらせることができるようになったのだ。

しかし、ここから先、また別の壁が目の前に立ちふさがる。組織の壁だ。ときを同じくして、悪意のクレームではなく、一般のお客様が犯罪意識なく訴えるグレーゾーンクレームが増え始める。現場の担当者ですら判断の難しいクレームだ。対応が後手後手にまわり、要求が激化したグレーゾーンクレームは、穏便に済ませられるはずがなく、過剰な要求を呑むことで収めようとした。するとどうだろう。その場は収まるのだが、クレームの常連が出来上がる。何度も何度も電話をかけてくる異常なクレーマーの出来上がりだ。他の企業で味をしめたであろうクレーマーもちらほら出現する。そして、威嚇・強要にさらされた同僚たちが、クレーマーと組織との間で板挟みになって、次々と精神を病んでいく。このままではいけない。個人のスキルアップだけではなくて、企業として、組織として、クレームに対応する必要があると感じた。2008年頃だった。そこから、クレームについて体系的に学び、組織で対応するロジックをみつけたのだ。

クレームに対することで、成長の段階は2つある。個人のコミュニケーションスキルの成長と、企業でのルールや制度の成長だ。どちらが欠けてもいけないし、一緒に成長していく必要がある。個人のスキルは他の企業に行っても重宝されるだろう。企業の成長は優良なお客様をつなぎとめることになる。さらに、従業員を守ることにもつながり、所属する個人が自己のスキルを発揮できるようになっていくだろう。やっぱり両輪だと私は思う。

よく「クレームに負けない心を作る」とか「折れない心」という表現を使っていることがあるが、「負ける」とか「折れる」とかをイメージする言葉を使っている時点で負けてないだろうか。私はどちらかというと、受け身な表現だなと思ってしまう。クレームは受け身になってしまうと、どうしても嫌なものになってしまう。能動的に、目の前にある問題を解決しようと一所懸命に動けば、クレームは解決に向かう。また、解決することで、成長を実感することができるだろう。

いま、まさに組織力が問われる時代に

企業の組織力とは何かを考えてみてほしい。クレームは企業の活動によって発生する。逆に、企業が何も提供しなければ、クレームが起こることもない。しかし、企業として存続するためには、何らかの商品なりサービスを提供していく必要がある。

おさらいになるが、商品やサービスがお客様の期待値より、その使用実感が下回った場合が通常クレームだ。通常クレームは恐れることはない。お客様のニーズ、つまり期待値を聞きだして、対処をしていけば解決することができる。

ここで問題になるのが、お客様の期待値を把握できているかどうかだ。年々上がっていく期待値を超える努力を、企業がしているかということだ。

いまだに「便利なサービスを作りました！」と喜び勇んで作ったサービスが、お客様に利用されず、サービス終了になってしまう、そんな例は山ほどある。ダメだとは言わない。だ

が、お客様の期待値を探る努力はしているのだろうか。お客様の声に耳を傾け、本当に求められていることを確認しただろうか。

もはや、モノやサービスを作れば売れる時代は終わった。これからは、自社の製品やサービスに磨きをかけていく必要がある。年々期待値は上がっていく。これは事実だ。昔の携帯電話は肩から下げていた。大きく重いので、肩から下げるしかなかった。電池も20分程度しか持たなかったらしい。いまでは考えられないが、当時はそれでも外出先で連絡が取れることの便利さが重宝された。

時代は流れ現在では、携帯電話は小型化し、様々な機能が付加された。いま主流のスマートフォンでは音楽再生機能やカメラ、動画撮影、GPS、インターネットなど、いろいろなことが実現できる端末として進化している。実に便利になったものだ。これも、年々上がる期待値に、企業が応え続けた結果といえる。

モノづくりにおいて、期待値に応えるのは、結果が分かりやすいのだが、人が関わるサービスはどうだろうか。日々仕事に追われているなかで、よほどの素養がないと自主学習でスキルを上げることは難しい。そこでは応対・接客のスキルを磨く機会を組織側が強力に支援していく必要がある。

組織全体が情報連携している会社は強い。お客様接点に関わる人すべてが、お客様の状況を把握し、連携がとれていると、たらいまわしもなくなるし対応が早くなる。お客様の上がり続ける期待値に、個人のスキルアップだけではなくて、組織連携をすることで応えていくことが重要だ。これからの企業活動は組織力がモノをいうということだ。

組織側のマネジメントには、こう言いたい。クレームのみならず、お客様との関係性を真剣に考え、従業員個人レベルではなく、組織全体がお客様の期待値に応えようとしたときに、組織は成長する。目の前にいるメンバーを、活かすも殺すもマネジメント次第だ。仕事に対する姿勢を引き出すためには、個人の素養に頼るのではなく、特性を把握し、教え育まなくてはならない。そのうえで、チームとして連携していく仕組みを作っていくことが、これからの組織マネジメントで考えなくてはならない課題だ。

組織のルールを決めるのと同時に、お客様に真摯に向かいサービスレベルを上げてほしい。そうすることで、お客様ではないクレーマーが、あなたの会社を避けるようになる。それが一番のクレーマー対応だ。そんな組織力を養うよう、一歩を踏み出してもらいたいと願い、最終章を閉じることにする。

APPENDIX

心を病む前に

「さっきの人、いったいどういう教育をしているの？」

新米ＳＶだった頃、二次対応で電話を代わった瞬間に、お客様から怒鳴られたことがある。クレームの内容は忘れてしまったのだが、それでも記憶に残っているのは、そのときにとった対処に後悔があるからだ。目の前のお客様対応を優先させ、取りなそうとするあまり、私の前に対応していた、いわゆる「さっきの人」のケアを疎かにしてしまのだ（仮にＡさんとする）。

Ａさんは、確かにお客様の話を聞き取らず、まくし立てて説明する傾向があった。それがゆえに、お客様とトラブルになることもしばしばだった。そのときは、お客様に上司に代われと言われて、これ幸いと、私の対応を聞かせて自分に足りないところに気づいてもらおうと思った。

私　「大変申し訳ございません。なにか失礼なことがございましたか」

お客様「失礼なんてもんじゃないわよ。請求書の中身が違うと言っているのに、調べもしないで、訳わかんないことを言い続けるのよ」

私　「それは大変失礼いたしました。お客様のご申告を調べもしかなったということですね」

お客様「そうよ。まだこちらが説明しているのに、遮って話をされたの」
私「お客様のお怒り、ごもっともでございます。先ほどの者には、後ほど、私の方から厳しく指導させて頂きます」
お客様「なにをどうやって指導するのよ！」（まだ怒りは収まらない……）
私「お客様との会話運びを録音にて確認しまして、噛み合っていない部分を基に、指導していきます……」

この後もお客様をなだめるにあたって、Aさんを完全に悪者にした。お客様対応が終わって、始終の会話を聞いていたAさんに目をやると、目が合った瞬間に瞳から涙があふれ、トイレに駆け込むという事態に発展した。別の社員に様子を見に行ってもらうも、手洗いの鏡に向かって微動だにしない状態が続いた。結局、その日は仕事にならず、後日指導をしようにも、その件について触れることはできなかった。

この話には賛否両論ある。「部下を守らないとは、ひどい上司だ！」、「自分が悪いんだから、当然じゃないか」——どちらも正しく、どちらも違う。人によって対処を変えるべきだったのだ。確かにAさんはスキル的に問題があった。その部分を学習してもらおうと、会話を聞いてもらったわけだが、収めるためとはいえ、悪者にした部分を聞かせる必要はなかった。

リアルタイムに直接聞いてしまったため、「私はダメな奴だ。お客様を怒らせてしまって、上司にも見捨てられている」と感じてしまったのだ。これが、Ａさんでなければどうだったろうか。もっと信頼関係が築けているオペレータだったら、話は違ったかもしれない。やっぱり、人によって対処は変えるべきなのだ。

クレーム対応は病みやすい。いや、病みやすい人がいると表現したほうが正確だろうか。私は、病むことがないと自負している。会社のことと、自分のことを分けて考えることができる。「俺が悪いんじゃないもーん」と。しかし、それができる人ばかりではない。会社の都合を一身に背負い、「他の人なら収められたかもしれない」とか「私が怒らせてしまった」と自分の責任にしてしまう人もいる。そんな人はクレーム対応が澱（おり）のように心に溜まる。澱はどんどんと溜まっていき、あるとき、心の器からこぼれてしまう。器の大きさは人それぞれだ。溜まり方も人によって違う。

どうやら、任せ方のポイントはクレーム対応と同じかもしれない。まずは、話を聞いて、本人の意思や特性を確認しておこう。クレーム対応は、できればやりたくない。それは誰しも思っているはずだ。だが、クレームはなくなることはない。企業活動を続けていれば、必ずクレームは発生する。そのときに、クレーム対応をする現場のメンバーをケアしてあげてほしい。自分のやりたくないことを押し付ける部下ではなくて、お客様対応を背負ってくれる大事なメンバーなのだから。

まずは1人が長時間、クレームにさらされることがないようにしたい。ここは時間ルールを決めるとよいだろう。次に、通常クレームとその他を見分ける仕組みを導入しよう。チェックポイントを設けて、具体的な言動・行動が抵触する場合は、すぐにメンバー全員で対応方法を相談できる、上司から対応指針の指示を受けられるようにすることだ。現場のメンバーを守るという視点を持ちたい。

心を病む前に、澱が溜まる傾向を見極めて、早めに対処してほしい。病んでしまってからでは遅いのだ。厚生労働省研究班の2017年1月の調査では、「うつ病による疾病休暇から復職した社員の47・1％が、5年以内に疾病休暇を再取得している」と発表している。半数よりちょっと少ないくらいだが、現場の肌感覚ではもっとあるのではないかという人もいる。

「復職プログラムをもっと精査すべきだ」「回復する前に復職せざるを得なかったのでは」という声もあるが、問題はそこではないと私は思う。病んでしまってからでは遅いのだ。病んでしまって病院に行く。そこで出される薬は時間経過とともに、徐々に薬の量が増えていき、仕事が手につかなくなってくる。そうなったとき、欠員が出た企業のダメージもさることなががら、病んでしまった本人は復活するのに、どれだけの苦しみを味わうことになるのだろうか。

問題は、病む前に対処ができなかったのかということだ。本人の特性を理解し、どのように仕事を割り振ればよいのか、ストレスはないかなど、個別に考えることは山ほどある。上司の面談スキルも上げる必要がある。ティーチングやコーチングの技術に加え、ストレスや澱の原因を聞きだすカウンセリングの技術も必要だろう。しかし、上司には他にも仕事がある。マネジメント以外にも、企業活動の中で考えなければいけないことばかりだ。これからは、面談も分業制になっていくのではないかと思っている。その道のプロに任せるのだ。本人の特性を知り、病む前に対処する。そこまで会社がする必要があるのかと声が聞こえそうだがそうする必要がある。何故なら、やらずに戦力を失い、コストを垂れ流すよりも、優秀な人材を囲い込み、いかんなく実力を発揮してもらったほうが、お互いにプラスだからだ。

のびのびと仕事ができる環境を構築していくことは、なにも従業員のためだけではない。CS（顧客満足）はES（従業員満足）からという言葉もあるように、従業員の満足は顧客満足につながる。いまこそ、病まない職場づくりを目指す変革期にあると強く思う。

おわりに

実は、私はクレーム対応をする一方で、結構、企業に対してクレームを言うことがある。本文中の携帯電話会社や某メガバンクの事例は、私がお客様の立場だった。親しい友人からは「そこまでせんでも……」と言われることは多いのだが、それは結局、「言っても仕方がないのだから時間の無駄」という背景があるようだ。不満はあるけれど、我慢している状態だ。それが私には我慢できない。もともと納得するまでとことん調べたり考えたりする性格で、「なあなあ」で済ませることが嫌いな性分だ。誓って言っておくが、ごり押しをしたことは一度もなく、通常クレームか、もしくは少しこじれたクレーム止まりで、筋さえ通っていれば、物分かりのよい客だと自負している。

「クレーム対応に絶対はない」——研修で冒頭に皆さんにお伝えする言葉だ。お客様は十人十色であり、それぞれ価値観が違っている。それが、今日のクレームを複雑にしている。過去に逆戻りは不可能だ。研修で私は、受講生の皆さんにこう付け加えている。「お話しした方法は、あくまでも1つの手段で、万能ではありません。試してみて、ダメなら他の方法を考えて下さいね」と。

本書で語っているのは、あくまでも方法論であり、参考例だ。業種・業態が違えばお客様の求めるものは違うだろうし、要求態度も違ってくるだろう。自分たちにあったものを、考えるしかない。そう、答えを求めるのではなく、応える方法を考えてほしい。もちろん、試してみて間違うときもあるだろう、失敗もあるだろう。でも、その試行錯誤が個人のスキルを成長させ、組織の経験を積み上げることに他ならないと私は思う。

さて、そろそろ筆をおこう。今後の私の使命は、クレームに悩んでいる組織の方に、この本を届けることだ。クレームは、今後、もっと激しくなる時代が来るような気がしている。そんな時代に備え、私自身も成長し続けるために、活動を続けていきたいと思っている。

最後に、本書を執筆するにあたり、ご協力頂いた方々にお礼を伝えたい。まず、私に研修講師のスキルを伝授し、クレーム対応の骨子を惜しみなくご指導して頂いた、師匠の津田卓也氏。そして、クレーム研修の際に、様々な事例を基に一緒に対応を考えた研修の受講生の皆さま。皆さまとの経験がなければ、本書の完成はありませんでした。深く感謝の気持ちを送ります。

PROFILE

藤木 健 （ふじき・たけし）

研修講師・コールセンターコンサルタント。1997年のベルシステム24入社を機に、コールセンター運営・管理および新人の指導・育成に携わる。カード会社から通信、通販、流通、損保まで、幅広い業界のセンターを経験。SV・リーダーの育成を得意とし、数値管理、QA（品質管理）、フィードバック手法など、多様な指導方法を考案。現在、コールセンター分野のみならず、広く人材をテーマにした企業研修講師として活躍している。株式会社キューブルーツに所属。著書に「聞くスキル 聞き出すスキル」（リックテレコム刊）がある。

クレーマーと闘う

2018年6月10日 第1版第1刷発行

著　者　藤木 健
発行者　土岡正純
発行所　株式会社リックテレコム
〒113-0034 東京都文京区湯島3-7-7
振替　00160-0-133646
電話　03（3834）8380（営業）
03（3834）8104（編集）
URL　http://www.ric.co.jp/

DTP　株式会社リッククリエイト
印刷・製本　壮光舎印刷株式会社

乱丁・落丁本はお取り替え致します。

Printed by Japan

ISBN978-4-86594-142-5

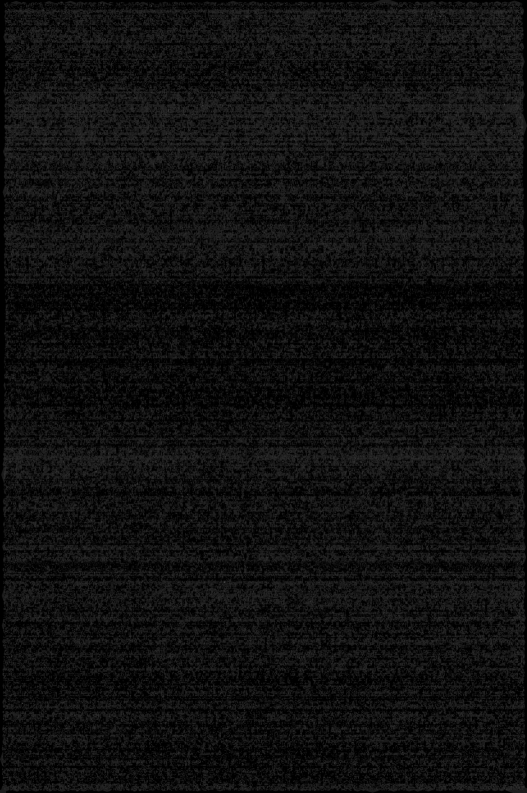